신학을 다시 묻다

사회사를 통해 본 신학의 기능과 의미

이 도서의 국립중앙도서관 출판시도서목록(CIP)은

서지정보유통지원시스템 홈페이지(http://seoji.nl.go.kr)와

국가자료공동목록시스템(http://www.nl.go.kr/kolisnet)에서

이용하실 수 있습니다. (CIP제어번호 : CIP2018004634)

神學の起源 - 社會における機能
by Tomoaki Fukai

神學 の 起源

신학을 다시 묻다

사회사를 통해 본 신학의 기능과 의미

후카이 토모아키 지음 · 홍이표 옮김

비아
VIA

차례

일러두기

· 성서 표기와 인용은 『공동번역 개정판』(대한성서공회, 1999)을 따르되
맥락에 따라 『새번역』(대한성서공회, 2004), 『개역개정판』(대한성서공회,
1998)을 병행사용하였습니다.

한국어판 서문

'신학'이라는 학문에 관한 사회사적 연구

이 책을 집필하기 시작할 무렵, 저는 '신학'에 대해 처음부터 다시 한번 곱씹어 봐야 할 상황에 놓여 있었습니다. 그 계기는 2013년 도쿄대학교 대학원 인문사회계 연구과에서 '종교 특수연구'라는 수업을 담당했던 것과 관련이 있습니다. 학교에 제출한 구체적인 강의 제목은 '빌헬름 시기와 바이마르 시기 독일 사회와 신학'이었습니다. 종교 연구라는 범주에 놓이기는 했지만, 실질적으로는 당시 독일 루터파 신학에 관한 연구를 의미했습니다. 도쿄대학교는 국립대학교이므로 그곳에서 '그리스도교 신학'에 관해 말하는 것은 어떤 의미가 있는지, 또한 그러한 수업이 허용되는지 나름대로 정리할 필요가 있었습니다. '신학은 교회를 위한 학문'이라는 유명한 명제가 참이라면 교회 밖에 있는 사람들에게는 신학이 아무런 의미도 없는 것일까? 그들은 신학을 연구할 수 없는가?' 저는 저 자신에게 이러한 질문을 던졌고 그 답을 찾고자 애썼습니다.

대학교에서 연구하는 사람으로서 저는 정부에 연구비를 신청한 다음 이를 지원받을 때가 많습니다. 이러한 경우 공적인 연구 기금을 받는 것이니 당연히 연구 성과를 사회에 환원할 것을 요구받습니다. 한데 신학이 '교회를 위한 학문'이기만 하다면 신학에 관한 연구 성과를 사회에 환원한다는 것은 가능할까요? 좀 더 근본적으로 생각한다면 애초에 신학 연구가 공적인 지원을 받는다는 것이 적절한 일일까요? 지금도 이러한 질문에 온전한 답을 얻었다고 생각하지는 않습니다. 하지만 이러한 고민을 하면서 신학의 내용을 다룰 때, 그리고 신학이 직면한 과제들을 생각할 때 신학이라는 학문의 사회적 기능에 관한 연구가 함께 진행되어야 한다고 생각하게 되었습니다.

기존 학문 분야에서 이 책은 일종의 '학문사'學問史라고 할 수 있을 것입니다. 하지만 저는 제 전공을 넘어서 본격적인 역사 서술을 하려 하지는 않았습니다. 다만 제가 이러한 시도를 통해 말하고 싶은 것은 신학은 분명 '교회의 학문'이지만 교회라는 담을 넘어 지속해서 사회의 영향을 받았고 또 사회에 영향을 미치고 있다는 것입니다. 사회라는 컨텍스트는 신학의 텍스트를 낳고, 그렇게 나온 신학의 텍스트는 다시금 사회라는 컨텍스트에 영향을 미칩니다. 이러한 상호 관계를 잊지 않는 것이 중요합니다. 이 책에서는 이러한 문제의식 아래 신학이라는 학문이 사회에서 어떠한 역할을 감당해 왔는지, 특히 그 변천 과정을 살펴보았습니다.

이러한 접근은 '교회 밖에 있는 사람들'에게, 혹은 대학교에서 특정 종교에 관한 가르침, 그리스도교 신학이라는 학문을 다루고 있다는 사실에 위화감을 갖고 있거나 의문을 표하는 이들에게도 '신학'이라는 학문이 어떤 것인지 이해할 수 있도록 돕는 좋은 방법이 될 수 있다고 생각합니다. 출간 이후 이 책이 여러 대학교에서 그리스도교 개론이나 혹은 그리스도교학(혹은 신학) 입문 교재로 사용되고 있는 것도 그 때문이라고 생각합니다.

이 책은 일본에서 현재 4판까지 발행되었으며, 작년에는 중국어로도 번역 출간되었다는 연락을 받았습니다. 연이어 한국어로 번역되어 한국 독자들과 만나게 된 것은 실로 기쁜 소식이 아닐 수 없습니다. 더욱이 이 책은 저의 또 다른 책『사상으로서의 편집자 - 현대 독일 프로테스탄티즘과 출판의 역사』(한울, 2015)를 한국어로 옮겨 주셨던 홍이표 목사께서 작업해 주셨습니다. 존경하는 소장 신학자 홍이표 목사님은 한국과 일본 양국의 신학에 정통한 탁월한 연구자입니다. 성실한 학문적 교류와 변함없는 우정에 깊이 감사드립니다.

이제 신학 연구가 활발하게 이루어지고 있는 한국의 독자들 손에 이 책이 쥐어져 새로운 의견이나 비판을 들을 수 있게 된다면 무척 기쁠 것입니다. 마지막으로 이 책의 한국어판 출간을 위하여 보이지 않는 손길로 도와주신 비아 출판사 편집자 분들께 깊은 감사를 드립니다.

2018년 1월 22일 도쿄 롯폰기에서

후카이 토모아키 深井智朗

한국어판 제2쇄 서문

이 책이 한국어로 출판된 후 역자와 함께 서울을 방문했습니다. 그곳에서 독자들을 직접 만나 다양한 이야기를 나누었습니다. 저는 대화를 통해 큰 배움을 얻었는데, 특히 이 책이 소개한 "교회 밖의 그리스도교" 현상이 한국 교회가 당면한 문제와 깊이 관련되어 있음을 알 수 있었습니다. 서로 다른 두 지역의 교회가 공유하는 이 현상이 매우 흥미롭게 다가왔습니다.

한국 독자 여러분의 과분한 관심으로 이 책의 한국어판이 출간된 지 1년도 되지 않아 증쇄하게 된 것에 감사한 마음을 전합니다. 2쇄를 준비하는 과정에서 신학 연구에 깊이 천착하신 주의 깊은 독자들께서 수정이 필요한 사항들, 정확하게 표기해야 하는 지점들을 지적해주셨습니다. 이번 증쇄를 통해 이전 책의 오기를 바로잡습니다. 또한 일본에서 출간되었던 원저 역시 잘못을 수정했습니다.

날카롭고 사려 깊은 한국 독자 여러분께 깊은 감사의 말씀을 드립니다. 이 졸저가 오늘날 그리스도교와 교회를 위해 자그마한 도움이 될 수 있기를 바랍니다.

2018년 6월 21일

후카이 토모아키 深井智朗

제1장

아아, 신학마저도! - '신학이란 무엇인가?'라는 물음

전통적인 '신학 제 분야 해제'라는 답

이 장에서는 먼저 '신학이란 무엇인가?'라는 질문을 생각해 보려 한다. '아아, 신학마저도!'라는 제목에 독자들이 적잖은 당혹스러움을 느낄지 모르겠다. 이 표현은 괴테Johann Wolfgang von Goethe가 쓴 『파우스트』Faust에서 인용했는데 신학에 대한 실망과 한탄을 드러낸다. 『파우스트』는 파우스트 전설을 바탕으로 쓴 작품으로 작품 전체가 시의 형식을 띠고 있다. 주인공 파우스트는 말한다.

이 세계를 가장 내밀한 곳에서

통괄하는 힘이 무엇인가? 그것을 알고 싶다.

모든 작용력과 근원은 무엇인가? 그것을 보고 싶다.

- 『파우스트』382~384행

철학이나 법학, 의학을 배웠지만 아무리 애를 써도 그는 참된 앎을 얻지 못했다. 그리고 신학을 접하자 그는 한탄한다.

아아, 신학마저도! -『파우스트』356행

오늘날 사람들도 파우스트처럼 신학에 기대할 것은 없다며 한탄하고 있을지 모르겠다. 대학교에서 신학 강의를 들어도, 그리스도교 관련 서적을 펼쳐 보아도, 어쩌면 교회에서 설교를 듣는 순간에도 마음 한쪽에는 그러한 한탄이 자리 잡고 있는지 모른다. 그런가 하면 다른 쪽에서는 이제 신학 따위는 필요 없다고 생각하며 오늘날 신학을 통해 과연 무엇을 할 수 있느냐고 반문한다. 파우스트의 한탄이 과거에 신학이 사회에서 일정한 기능을 맡고 있던 유럽이나 미국과 같은 그리스도교적 배경을 지닌 곳에서, 그러한 배경을 지닌 사람이 할 법한 탄식이라면, 뒤에 나온 물음은 일본이나 한국을 포함한 비그리스도교적 배경을 지닌 곳에서, 그러한 배경을 지닌 사람이 던질 법한 물음이다. 이 강의의 목적은 파우스트가 던진 탄식을 되짚어가면서 후자의 물음에 답하는 데 있다.

이러한 시도는 도전적인 일이며 그래서 실패로 돌아갈지도 모르는 작업이다. 이 책을 다 읽고 난 뒤에도 "아아, 신학마저도!"라며 한숨을 내쉬는 사람이 적지 않을지도 모른다. 그럼에도 불구하고, 용기를 내어 '신학이란 무엇인가?'라는 물음을 찬찬히 되짚어 나가 보려 한다.

이 물음을 다룬 책은 이미 많이 나왔으며 그 전례를 찾아볼 수 있다. 하지만 이 책에서는 다른 사람들이 지금까지 시도하지 않은 방식으로 이 물음에 답해 보려 한다. 이 물음에 답하는 기존의 방식은 유럽 신학 전통에서 나온 방법들을 답습하는 식이었고, 결과적으로 다시금 파우스트와 같은 한탄을 낳았다. 또한 이러한 방법은 비그리스도교 세계와 마주했을 때 '신학 따위는 필요 없는 것 아닌가?'라는 물음을 낳았다. 유럽 신학 전통에 바탕을 둔 기존의 방식은, (그리스도교) '신학'이라는 학문 자체를 갖고 있지 않던 세계에는 잘 맞지 않기 때문이다. 전자를 생각하든, 후자를 고려하든 새로운 방법은 불가피하다. 우리는 '신학이란 무엇인가'라는 물음을 고민하면서 비그리스도교 세계에도, 비그리스도교적으로 사유하는 이들에게도 신학이 일정한 의미를 갖도록 도와주어야 한다.

본격적으로 내용을 전개하기 전에 '신학이란 무엇인가?'라는 질문에 지금까지 답해왔던, 전통적이면서 전형적인 두 가지 방법을 설명해 보겠다. 기존에 해왔던 방법을 알지 못하면 이 책을 통해 시도하려는 것이 왜 새로운 방법인지도 알 수 없기 때문이다.

'신학이란 무엇인가?'라는 물음에 대해 답하는 가장 전통적인 방식은 '신학 제 분야 해제'神學諸分野解題라는 방식이다. 이 방식은 신학 공부를 시작하는 이들에게 신학이라는 학문에 관한 대략적인 지도를 그려서 보여주는 방법이다. 오늘날 중학교나 고등학교에서 여름 방학 독후감 과제로 자주 꼽히는 책인 헤르만 헤세의 『수레바퀴 아래서』Unterm Rad를 살펴보자. 이 소설의 무대는 20세기 초엽의 독일이다. 슈바벤 지방 작은 마을에 한스라는 소년이 살고 있었다. 그는 대단히 영특해 라틴어 학교에서도 신동이라 불렸다. 한스는 서민 출신이었는데 당시 서민 출신의 수재가 학문을 익힐 수 있는 유일한 길은 주州에서 실시하는 장학생 시험에 통과해 장학금을 받은 뒤 성직자를 양성하는 신학교에 들어가는 것뿐이었다. 당연히 이 신학교에서 신학은 반드시 배워야 하는 학문이었다. 이 신학교는 대학교 신학부에 들어가기 전에 성서 독해를 위한 그리스어나 히브리어 등 고전어를 주로 가르쳤다는 점에서 '하급 신학교'라고도 불렸다. 물론 당시 엘리트들이 다니던 인문 고등학교처럼 인문계 기초 과목들도 가르쳤다. 『수레바퀴 아래서』에서 헤세는 신학교의 모습을 다음과 같이 묘사한다.

> 속세와 동떨어진 이 훌륭한 수도원은 오래전부터 언덕과 숲 뒤에 숨어 있었다. 하지만 감수성이 예민한 젊은이들에게 아름답고 평온한 분위기를 마련해 주기 위하여, 프로테스탄트 신학교 학생들에게는 문호가 열려 있었다. 거기서는 젊은이들의 마음을 심란하게 만드는 도시나 가정생활의 영향권에서 벗어나게 되고, 해를 끼칠 수도 있는 분망한 인생으로부터 보호를 받았다. 그렇게 함으로써 젊은이들은 여러 해에 걸쳐 히브리어와 그리스어를 포함한 여러 분야의 공부를 할 수 있었다. 또한 진중한 인생의 목표 아래 순수하고 이상적인 학문의 향유를 통하여 젊은 영혼들의 정신적인 갈증이 해소되었다.

널리 알려진 대로 이 소설은 헤세 자신의 체험을 반영한다. 주인공 한스가 슈바벤 지역 출신으로 신학교에 입학했듯, 헤세도 마울브론에 있는 신학교에 입학했다. 하지만 실제 삶에서 그는 중도에 공부를 포기하고 크리스토프 블룸하르트Christoph Friedrich Blumhardt에게 갔다.[1]

"진중한 인생의 목표 아래" "여러 해에 걸쳐 히브리어와 그리스어를 포함한 여러 분야의 공부를 할 수 있었다"고 헤세가 썼듯이 마울브론에 있는 신학교에서는 실제로 1년째 되던 해에 성서와 관련된 언어(히브리어, 그리스어)와 더불어 '신학 입문'이라는 수업을 진행했다. 얀 롤스Jan Rohls가 조사한 바에 따르면 당시 마울브론 신학교 커리큘럼은 입학 첫 해 2학기에 '신학 제 분야 해제'神學諸分野解題를 가르치게 되어 있었다.[2] 이 수업에서는 성서에 관한 지식, 교회의 역사, 교리 해설 등의 수업에 대비하기 위해 신학에 관한 예비적인 지식을 제공했으며 매주 2회 2시간씩, 오전에 실시했다.

---

[1] 크리스토프 블룸하르트(1842~1919)는 이른바 '종교사회주의자'로 널리 알려진 독일 개신교 목사다. 튀빙엔대학교 신학부에서 신학을 공부하고 1869년 저명한 목사였던 아버지 요한 블룸하르트Johann Christoph Blumhardt의 뒤를 이어 바트볼에서 활동했다. 1899년 노동자들이 단체 행동권 보장을 요구하는 집회에 참석해 연설한 것을 계기로 현실정치에 뛰어들었고 사회민주당에 가입한 뒤 뷔르템베르크 주의원으로 당선되어 의정 활동을 했다. 인간의 불의한 삶의 조건을 변혁하려 노력하는 곳에 예수 그리스도께서 오셔서 함께 하시며, 이 세상에 임하는 하느님 나라를 위해 그리스도인이 이 세계를 변혁하는 활동에 헌신해야 한다는 그의 메시지는 스위스 및 독일의 종교사회주의 운동에 커다란 영향을 미쳤다.

[2] 얀 롤스(1949~)는 독일 개신교 신학자로 뮌헨대학교에서 20세기 후반 대표적인 신학자로 꼽히는 볼프하르트 판넨베르크Wolfhart Pannenberg의 지도 아래 신학 박사 학위를 받았으며 이후 뮌헨대학교에서 조직신학을 가르쳤다. 저작으로 『근대 개신교 신학 I, II』Protestantische Theologie der Neuzeit I,II, 『우상파괴주의와 자본주의 사이에서』Zwischen Bildersturm und Kapitalismus, 『역사 속의, 그리고 오늘날 철학과 신학』Philosophie und Theologie in Geschichte und Gegenwart 등이 있다.

이러한 방식으로 당시 신학교에서는 앞으로 본격적으로 공부할 신학이 어떤 학문인지를 학생들에게 설명해 주었다.

『수레바퀴 아래서』와 더불어 신학 공부에 관한 이야기가 나오는 또 하나의 유명한 소설로는 토마스 만Thomas Mann이 쓴 『파우스트 박사』Doktor Faustus를 들 수 있다. 이 소설에서 주인공 아드리안 레버퀸은 대학교에서 신학 공부를 하는 것으로 나온다. 이 작품은 당시 선택받은 유복한 엘리트 집안의 자식들과, 이른바 하급 신학교를 졸업한 엄선된 학생들이 진학하는 '대학교 신학부'의 모습을 묘사한다.

레버퀸이 신학을 공부하는 장면에서, 만은 조직신학 교수인 에렌프리트 쿰프가 등장하는 모습을 세밀하면서도 정확하게 묘사한다. 쿰프의 모델이 된 사람은 일본에서도 『이른바 역사적 예수와 역사 해석과 성서에 따른 그리스도』Der sogenannte historische Jesus und der geschichtliche, biblische Christus라는 저작으로 널리 알려진 보수적인 민족주의 성향의 신학자 마르틴 켈러Martin Kähler다.[3] 만은 망명지 미국에서 『파우스트 박사』를 집필하는 와중에 폴 틸리히Paul Tillich에게

---

[3] 마르틴 켈러(1835~1912)는 독일의 개신교 신학자이자 성서학자로 19세기 독일 '성서학파'die biblische Schule를 대표하는 학자로 꼽는다. 하이델베르크, 튀빙엔과 할레에서 신학을 공부했으며 할레대학교에서 오랫동안 신학을 가르쳤다. 예수 당시의 역사적 정황을 재구성함으로써 그의 실제 모습을 복원할 수 있다는 '역사적 예수'를 강하게 비판했으며, 역사적 예수 연구의 결과인 예수에 대한 역사적 사실과 예수에 대한 초기 그리스도교의 역사적 해석, 즉 '신앙의 그리스도'가 분리된 것을 극복하고자 하였다. 저작으로 『오늘날 교리에 관한 질문들』Dogmatische Zeitfragen, 『성서를 두고 일어나는 다툼들』Unser Streit um die Bibel, 『이른바 역사적 예수와 역사 해석과 성서에 따른 그리스도』Der sogenannte historische Jesus und der geschichtliche, biblische Christus 등이 있다.

편지를 써서 당시 신학 교육에 관해 상세하게 배운 바 있는데, 소설에 등장하는 신학 관련 내용은 이때 틸리히에게 받은 편지 내용을 그대로 옮긴 것이다.[4]

> 신학부 강의 요강을 보면, 처음 몇 년 동안은 교리 해석과 역사적인 성격의 과목, 즉 성서학, 교회사 및 교리사, 종파학에 비중을 두고, 중간 단계에는 조직신학, 즉 종교철학, 교리학, 윤리학, 변증학이 포함되며, 마지막 단계에는 실제적인 교과목, 즉 전례학, 설교학, 종교교육, 사제학, 그리고 교회법과 더불어 선교학 강의가 있었다.[5]

실제 편지에서 틸리히는 좀 더 자세히 강의 내용을 소개하는데, 대학교 신학부 첫 해에 "신학 제 분야 해제라는 신학 입문 강의"를 했다는 사실도 밝히고 있다. 이 수업에서는 신학부 학생들이 앞으

---

[4] 폴 틸리히(1886~1965)는 독일, 미국의 개신교 신학자로 칼 바르트와 더불어 20세기 대표적인 개신교 조직신학자로 꼽는다. 베를린, 튀빙엔, 할레 등에서 신학을 공부했으며 베를린, 마르부르크, 드레스덴, 프랑크푸르트대학교에서 신학과 철학을 가르쳤다. 나치 정권의 탄압으로 비유대인 중에서는 최초로 교수직을 박탈당했고 이후 미국으로 건너가 뉴욕 유니온 신학교에서 신학을 가르쳤다. 은퇴 후에는 하버드대학교와 시카고대학교에서 신학을 가르쳤다. 저작으로 대표작으로 평가받는 3권의 『조직신학』(Systematic Theology, 설교 3부작인 『흔들리는 터전』(The Shaking of the Foundations, 『새로운 존재』(The New Being, 『영원한 지금』(The Eternal Now, 『신앙의 역동성』(Dynamics of Faith, 『사랑, 힘, 정의』(Love, Power, and Justice 등이 있다. 한국에는 『조직신학 1~5』(한들), 『흔들리는 터전』, 『새로운 존재』, 『영원한 지금』(뉴라이프), 『믿음의 역동성』(그루터기 하우스) 등이 번역되었다.

[5] Thomas Mann, *Doktor Faustus: das Leben des deutschen Tonsetzers Adrian Leverkühn erzählt von einem Freunde*(Berlin:Suhrkamp Verlag, 1947), p.151. 『파우스트 박사 1, 2』(민음사)

로 공부할 '신학이라는 학문'이 과연 무엇인지를 개관하며, 틸리히에 따르면 "학부 원로 교수가 노트도 보지 않고 자기 집 정원을 둘러보며 설명해 주듯이 강의"하는 것이 일반적이었다.

『수레바퀴 아래서』의 한스나 『파우스트 박사』의 레버퀸은 각기 다른 방식으로 신학 공부의 첫발을 내디뎠지만, 둘 다 처음으로 들어야 했던 과목은 '신학 제 분야 해제', 혹은 '신학 통론'神學通論이었다. 오늘날에도 대학교 신학부, 혹은 신학교 첫 번째 학기에는 '신학 개론'神學槪論이나 '신학의 제 문제'와 같은 제목으로 신입 신학생들에게 앞으로 연구할 '신학'이라는 학문의 개략적인 지도를 소개한다. 이 수업을 통해 학생들은 신학이 무엇인지를 훑어볼 수 있게 된다. 19세기 뛰어난 신학자였던 슐라이어마허Friedrich Schleiermacher는 『신학집성』Theologische Enzyklopädie이라는 소책자를 썼는데 바로 저 '신학 통론' 수업을 위한 저작이다.[6] 그가 베를린대학교에서 담당했던 강의 이름도 '신학에 있어서의 엔치클로페디'였는데 이는 분명 당시 철학부 동료였던 헤겔의 '철학에 있어서의 엔치클로페디'를 의식한 것이었다(헤겔이 행한 철학 개론 강의를 정리한 책 『철학집성』Enzyklopädie der philosophischen Wissenschaften(1817, 1827년 제2판 발행)은 매우 유명하다).

'신학 제 분야 해제'라는 수업에서는 먼저 '신학'이라는 학문의

---

[6] 프리드리히 슐라이어마허(1768~1834)는 독일의 개신교 신학자, 철학자로 현대 신학과 해석학의 선구자로 평가받는다. 베를린대학교 설립에 관여했으며 이곳에서 신학을 가르쳤다. 저작으로 『그리스도교 신앙』Der Christliche Glaube, 『종교론』Über die Religion 등이 있다. 한국에는 『기독교신앙』(한길사), 『종교론』(대한기독교서회) 등이 소개되었다.

역사나 성격을 간단하게 소개한 뒤 신학을 구성하는 분과들을 설명한다. 분과들은 약간의 차이를 보이기도 하지만, 대체로 성서학, 교회사, 조직신학, 실천신학으로 나뉜다. 이 네 분야에 대한 개론적인 설명을 하고 나면 수업은 마무리된다. '신학 제 분야 해제'를 위한 저작은 무수히 많이 쓰였지만 교과서는 직접 작성한 사람 외에는 사용할 수 없는 것이 태반이므로 쓰인 순간 곧바로 역사 저편으로 사라질 운명인 경우가 많다. 게다가 근대 이후, 신학은 다양한 분과로 나뉘었으며 각기 나름의 방식으로 시대의 유행이나 정치 환경에 영향을 받는다. 이걸 애써 하나로 모아 '신학 제 분야 해제'를 시도한다 해도, 이를 시도한 이가 영향을 받은 사상의 그늘에 있을 수밖에 없다. 게다가 다음 세대로 넘어가면 또다시 새로운 사상의 영향을 받으므로 시대를 넘어선 '신학 제 분야 해제' 저작이란 존재하지 않는다고 해도 무방하다. 어찌 되었든 '신학이란 무엇인가'라는 물음에 대한 학문적인 대답은 대체로 이러한 방식으로 이어져 내려왔다.

신학 '입문'

'신학이란 무엇인가?'라는 물음에 대답하는 또 하나의 방법은 칼 바르트Karl Barth가 시도한 방법이다.[7] 바르트가 바젤대학교 교수

---

[7] 칼 바르트(1886~1968)는 스위스의 개신교 신학자로 폴 틸리히와 더불어 20세기 대표적인 조직신학자로 꼽힌다. 베른, 베를린, 튀빙엔, 마르부르크대학교 등에서 신학을 공부하고 이후 스위스 개혁교회 목사로 활동하다『로마서』Der Römerbrief의 출간을 계기로 이른바 '신정통주의'를 대표하는 신학자가 되었으며 나치 정권에 대항하는 고백교회의 주역으로 참여해 널리

직 정년을 맞이했을 즈음, 후임을 결정할 때가 다가왔다. 바르트는 헬무트 골비처Helmut Gollwitzer를 후임으로 추천했지만 시市의 대학교 이사회는 이를 반대했고 인사가 신속하게 진행되지 않자 바르트의 정교수 자리가 공석이 되었다.[8] 바르트는 정년 후에 촉탁교수로 임명될 예정이었으므로 박사후보생 지도나 세미나 진행에는 기본적으로 문제가 없었다(일본에서 명예교수라고 번역하기도 하는 '촉탁교수'는, 은퇴 후에도, 혹은 정식 교수 이외의 사람이 대학 교육 활동에 필요하다고 판단될 때 일정 기간, 한정된 일을 하는 임시직이다). 그는 은퇴 후에도 이 지위에 머물면서 박사 후보생들을 지도할 수 있었다. 또한 강좌 조교들이 있었기에 이 사람들이 바르트를 대신해 학부 강의나 세미나를 실시할 수도 있었다. 다만 정교수가 정해지지 않아 실시할 수 없었던 강의가 바로 신학 입문 수업인 '신학 개론'이었다. 바르트는 일종의 특례로, 촉탁교수의 업무 영역으로 이 수업을 맡

알려진 바르멘 선언을 작성했다. 괴팅엔, 뮌스터, 본대학교 등에서 신학을 가르쳤으나 나치 정권에 의해 교수직을 박탈당하고 스위스로 돌아가 1962년 은퇴할 때까지 바젤대학교에서 신학을 가르쳤다. 저작으로 총 13권의 『교회교의학』Kirchliche Dogmatik, 『로마서』Der Römerbrief, 『교의학 개요』Dogmatik im Grundriß, 『이해를 추구하는 믿음』Fides Quaerens Intellectum 등이 있다. 한국에는 『교회교의학』(대한기독교서회), 『로마서』(복 있는 사람), 『칼 바르트의 교의학 개요』(복 있는 사람), 『개신교 신학 입문』(복 있는 사람) 등이 번역되었다.

8 헬무트 골비처(1908~1993)는 독일의 개신교 신학자로 뮌헨, 예나, 본대학교에서 신학을 공부했으며 본대학교와 베를린자유대학교에서 신학을 가르쳤다. 고백교회의 주요 일원이었으며 이른바 '바르트 좌파'의 대표적인 학자로 꼽힌다. 생애 후반에는 평화주의자이자 사회주의자로서 다양한 정치 문제에 참여했다. 저작으로 『자본주의 혁명』Die kapitalistische Revolution, 『회심을 요구함』Forderungen der Umkehr, 『연대를 위한 해방: 개신교 신학 입문』Befreiung zur Solidarität, Einführung in die Evangelische Theologie 등이 있다. 한국에는 『자본주의 혁명』(한국신학연구소)이 소개된 바 있다.

았고 신학부 입문 강의로 '신학이란 무엇인가?'를 진행하는데, 훗날 이 강의 내용을 정리해 출간한 책이 바로 『개신교 신학 입문』 Einführung in die evangelische Theologie이다. 이 저작은 동시대 불트만Rudolf Bultmann이나 고가르텐F. Gogarten이 시도한 '신학 제 분야 해제' 등과는 크게 다른, 독특한 신학 입문서다.[9,10]

바르트의 의도는 명확했다. 이 '입문'에서 그는 신학의 모든 분과의 역사나 제반 정보를 제공하는 데 관심을 두지 않았다. 그에게 '신학을 한다'는 것은 신학의 대상인 하느님과 하느님이 보여주는 세계와 사건 '그 자체'로 들어가는 것을 의미했다. 신학이란 무엇인가라는 물음과 관련해 바르트는 이와 비슷한 설명을 되풀이한다. 즉, 신학을 공부한다는 것은 신학이라는 학문이 대상으로 삼는 것 가운데로 들어가는 것이다. 물론 그는 신학이라는 학문을 시작

---

[9] 루돌프 불트만(1884~1976)은 독일의 개신교 신학자이자 성서학자로 20세기 대표적인 신약학자로 꼽힌다. 튀빙엔, 베를린, 마르부르크대학교에서 신학을 공부했으며 1921년부터 51년 은퇴할 때까지 마르부르크대학교에서 신약학을 가르쳤다. 복음서 연구에 양식비평을 도입한 선구자로 평가받으며 현대인에게 복음서가 증언하는 참된 사건을 설명하기 위해 '탈신화화'를 제안한 것으로도 널리 알려져 있다. 저작으로 『공관복음서 전승사』Die Geschichte der synoptischen Tradition, 『예수』Jesus, 4권으로 이루어진 논문집인 『신앙과 이해』Glauben und Verstehen, 『고대 종교라는 상황으로 본 초기 그리스도교』 Das Urchristentum im Rahmen der antiken Religionen 등이 있다. 한국에 소개된 책으로는 『공관복음 전승사』(대한기독교서회), 『기독교 초대교회 형성사』(이화여자대학교 출판부) 등이 있다.

[10] 프리드리히 고가르텐(1887~1967)은 독일 개신교 신학자로 하이델베르크대학교에서 신학을 공부하고 1935년 이후 은퇴할 때까지 괴팅엔대학교에서 조직신학을 가르쳤다. 한때 칼 바르트와 더불어 '신정통주의' 흐름에 몸담고 있었으나 나치 정권에 대한 상이한 견해차로 바르트와 결별했다. 이후 마르틴 루터의 이신칭의를 현대적으로 재해석하는 데 관심을 기울였다. 저작으로 『신앙과 현실성』Glaube und Wirklichkeit, 『종교 너머』Religion weither 등이 있다.

할 때 '신학'이 2천 년 동안 전개된 역사나 그 과정에서 나온 지적 유산을 공부한다는 의미로서의 '신학 입문'을 부정하지는 않았다. 하지만 그는 그것으로는 신학이 지닌 의미를 충분히 알 수 없다고 보았다. 그러면서 신학은 신학이 취급하는 대상 그 자체인 '하느님', 구체적으로는 '하느님의 자기 계시로서의 예수 그리스도'에 의한 구원 사건으로 들어가지 않으면 안 된다고 말했다.

그는 미술 작품 관람을 예로 들어 이를 설명하곤 했다. 미술 작품을 평론하는 데는 두 가지 방법이 있다. 하나는 그림이 아름답다고 느꼈다 할지라도 그 작품 밖에서 관찰하는 (그 작품을 이루는 요소들을 쪼개 분석하는) 방법이다. 이는 객관성을 추구하는 방법이며 통념적인 '학문'은 대체로 이러한 방식으로 이루어진다. 또 다른 방법은 그림이 지닌 아름다움에 감동하여 그 작품의 세계 속으로 비집고 들어가는 방식이다. 이때 감상자는 작품 앞에 서서 그 작품이 뿜어내는 힘을 충분히 만끽하고 그 속으로 빨려 들어가며, 최종적으로는 그 그림을 자기의 것으로 내면화하는 '사건'이 일어난다.

이는 음악 작품을 감상하는 것으로도 설명할 수 있다. 연주회에 가서 한 작품의 연주를 들을 때 우리는 선율을 들으며 감동은 하되 평론가적인 태도로 그 작품을 논할 수 있다. 하지만 음악을 듣는 또 다른 방법은 연주를 통해 펼쳐지는 작품의 세계로 들어가는 것이다. 이때 감상자는 평론가가 아니라 자신도 연주자로서, 연주자와 함께 그 작품을 연주하는 것 같은 경험을 한다. 연주라는 사건에 실제로 '들어가는' 것이다. 이처럼 바르트는 신학을 공부한다는 것은 단순히 지식을 얻는 것이 아니며 그리스도교가 가르치는 구체적인 사건으로 들어가 (바깥에 있는 외부자적 시선이 아닌) 그 안에서, 자신의 구원에 관한 '증언으로서의 신학'을 추구하지 않으면 안 된다고 보았다.

그러나 이렇게 본다면 신학은 그리스도교를 모르는, 혹은 그리스도교라는 종교가 말하는 '증언의 진리성'을 받아들이지 않는 대부분의 사람에게는 아무런 관련도 없는 말이 되어 버릴 가능성이 있다(물론 바르트는 그렇게 생각하지 않았지만 말이다).

우리 시대의 신학관

이 책에서는 슐라이어마허나 바르트가 시도한 지금까지의 방법과는 다른 방식으로 이 문제를 다루려 한다. 오늘날 많은 사람이 신학이라는 학문에 별다른 매력을 느낄 수 없게 되었기 때문이다. 일본에 사는 대부분의 사람에게 '신학'이라는 말은 평생 전혀 들을 필요도 없고 몰라도 되는 두 글자일지 모른다. '신학'이라는 분야와 관련된 학위가 문부과학성이 인정하는 학위 목록 가운데 가장 오래된 학위라는 사실도 대다수 사람들에게는 알려져 있지 않다. '신학 박사'라든지, '박사(신학)'와 같이 표기되는 학위가 일본에도 있는데, 시인 야기 쥬키치八木重吉는 "어쩌면 '신학 박사' 같은 게 있는 현세야말로, 세상의 종말이 왔음을 이야기해주는 게 아닌가"라는 시를 남겼다.[11] 많은 사람에게 신학 박사가 있다는 것은 아무

---

[11] 야기 쥬키치(1898~1927)는 도쿄에서 태어나 도쿄 고등사범학교東京高師(현 츠쿠바대학교)를 졸업했으며, 시인으로 등단하여 그리스도교 신앙에 기초한 사랑을 주제로 한 시를 다수 남겼다. 시집으로는 『가을의 눈동자』秋の瞳, 『가난한 신도』貧しき信徒 등이 있다.

래도 자신들과 상관없는 일이며 야기의 한탄도 대다수 사람에게는 별다른 감흥을 주지 못한다. 많은 사람이 공학 박사나 의학 박사, 경제학 박사가 줄어들거나, 그 학문 분야에 뜻을 품는 사람이 줄어들면 이 사회에 일정한 영향을 미칠지도 모른다고 생각하겠지만, 신학자나 신학이란 학문은 없어도 우리 일상에 별다른 영향을 미치지는 않으리라 생각할 것이다.

이러한 상황에서 '신학이란 무엇인가?'라는 물음에 대해 그리스도교를 배경으로 하는 서구 사회와 동일한 방식으로 접근한다면 일본이나 한국 같은 비그리스도교 배경을 지닌 나라의 사람들은 대부분 그 논의에 참여할 수 없을지 모른다. 오늘날 서구 사회에서 그리스도교를 믿지 않는 이들이 대다수라 할지라도 그리스도교가 하나의 토대로 자리 잡고 있는 반면 일본이나 한국 사회는 그렇지 않다. 서구 사회가 과거와 견주었을 때 많은 사람이 신학에 무관심하더라도 서구 사회는 예전에도, 그리고 지금도 신학에 관해 이야기할 필요가 있다. 슐라이어마허의 방법, 바르트의 방법도 결국은 바로 이 그리스도교 사회를 전제로 한 신학 입문이다. 그러나 일본이나 한국은 그리스도교 사회가 아니다.

대학교에서 신학을 공부하려는 사람, 성직자가 되는 과정의 일부로서 신학을 익히는 사람, 혹은 최근 출간된 사토 마사루佐藤優 선생이 쓴 『신학부란 무엇인가?』神學部とは何か라든지, 『도시샤대학교 신학부』同志社大學神學部를 읽고 신학이 의외로 재미있는 학문이라고 생각하고 책을 집어 든 사람을 제외하면 이 책을 접하는 대다

수 독자는 '신학'이라는 말을 처음 접할지도 모른다.[12] 그 밖에, 교회에 간 적이 있거나, 목사들이 설교할 때 종종 언급하는 '신학'이라는 말, 혹은 신학 자체를 좀 더 알고 싶은 충동이 들어서 이 책을 집어 든 이가 조금 있을지도 모르겠다. 어떠한 경우든 대다수 사람은 신학의 제 분야에 관한 내용을 설명하는 일, 혹은 바르트식으로 '안으로 들어가라'는 말에 낯설어할 것이다. 이러한 현실에서는 신학이 왜 필요하게 되었는지, 신학이란 무엇이었는지, 그리고 오늘날 왜 신학이 필요한지를 본격적인 '입문'으로 다루는 것이 더 온당한 방식이 아닐까 싶다.

비그리스도교인에게, 혹은 대다수 일본인에게 신학이란 과연 무엇일까? 혹은 비그리스도교인이나 대다수 일본인이 '신학'이라는 말을 들으면 어떤 느낌을 가지며 어떠한 인상을 갖고 있을까? 아마 평균적인 대답은 '그리스도교라는 종교에 관한 학문'일 것이다. 하지만 좀 더 엄밀하게 생각해 보면 이 작업은 굳이 '신학'이 아니더라도 가능하다. '종교학', 혹은 '그리스도교에 관한 학문'이라는 의미로서 '그리스도교학'이라는 분야가 있기 때문이다.

따라서 '신학'을 정의할 때는 좀 더 한정적으로 규정할 필요가 있다. 가장 전통적인 방식으로 신학을 정의하면 '그리스도교를 믿는 사람들이, 자신의 종교적 확신을 전제로 한 다음 그 내용을 체계적으로 설명하거나 혹은 그 내용의 이해를 돕는 학문'이라고 할 수 있을 것이다. 이렇게 보면 '종교학으로서의 그리스도교 연구'가

---

[12] 신교출판사가 신학의 대중화를 위해 기획한 '신학으로의 출항'神學への船出 시리즈에 포함된 책들이다.

객관성 확보를 목표로 외부에서 '그리스도교'라는 '종교'를 관찰하고 기술하는 학문을 뜻한다면, 신학은 내부에서 그 종교에 속한 이들에게 말을 건네는 학문을 가리킨다.

그러나 이러한 규정은 신학을 극히 제한된 사람들을 위한 학문, 혹은 그리스도교 내부 사람들만을 위한 '폐쇄적인 학문'으로 만들어버린다. 이렇게 신학을 규정하면 일본이나 한국처럼 그리스도교와 오랜 인연을 맺지 않은 사회에서는 별다른 필요가 없는 것으로 치부될 수밖에 없다.

오늘날 신학은 그리스도교라는 종교 밖에 있는 사람에게는 필요 없는 것, 관심 밖의 것이 되었다. 그뿐 아니라 근래에 와서는, 그리스도교 내부에 있는 이들도 신학의 쓸모에 대해 의구심을 던진다. 예전에는 신학자라고 하면 적어도 교회에서만큼은 존경을 받았지만, 오늘날 상당수 교인은 신학자를 '그리스도교 복음을 일부러 어렵게 설명하는 사람'이라고 생각한다. 급기야는 그리스도교를 알고자 할 경우 신학자가 쓴 책보다는 신학자가 아닌 사람들이 쓴 그리스도교 관련 서적을 선호하기까지 한다. 최근 대중적인 사회학자 두 사람이 대담 형식으로 쓴 『이상한 그리스도교』ふしぎなキリスト教(2011)가 큰 인기를 얻은 일은 그 대표적인 예다.[13] 오늘날 신학은 그리스도교 외부뿐만 아니라 내부에서도 별로 환영받지

---

[13] 『이상한 그리스도교』ふしぎなキリスト教(2011)는 사회학자 하시즈메 다이사부로橋爪大三郎(도쿄공업대학교 교수)와 오오사와 마사치大澤眞幸(전 교토대학교 교수)가 함께 쓴 저작으로 2011년에 출판되자마자 일반 독자층을 중심으로 폭넓게 읽혀 총 20만 부 이상 팔렸으며 2012년 신서대상新書大賞을 받았다.

못하고 있는 셈이다. 수년 전, 교황 베네딕토 16세가 퇴위(교회법상 으로는 직무포기)한다고 해서 화제가 된 일이 있다. 이때 항간에서는 교황이 "너무 신학적"이라고, 임기 중에 더 교회 치리에 신경을 쓰고 검소한 삶을 살아 복음에 충실해야 했다는 평가를 내렸다. 이처럼 그리스도교 내부에서도 '신학적'이라는 말은 그다지 좋은 인상을 주고 있지 않다.

종교에 별다른 관심이 없고 기술과 실용성을 중시하는 현대인들에게, 신학은 별다른 의미를 갖지 못하는 것이 되어버렸다. 어쩌면 오늘날 신학은 그저 과거가 남긴 지적 유산으로서 연구되고 있는지도 모른다. 이런 의미에서 오늘날 신학은 마치 있어도 그만이고 없어도 그만인 맹장과 같다. 조금이라도 아파지면 수술을 통해 잘라내 버리는 것이 나은, 없애버려도 특별히 문제가 되지 않는 맹장처럼 신학은 위태로운 자리에 서 있게 되었다.

그렇다면 신학은 아무 쓸모도 없는 학문일까? 맹장의 비유를 이어가면 근대에 접어들어 세속화가 진행되는 가운데 인류는 이미 맹장 수술을 시도했다고 말할 수 있을지도 모른다. 인류 스스로, 적어도 그리스도교를 바탕에 둔 서구 사회는 자진해 수술을 원했고, "이제 신학이 필요하지 않다"고 선언을 했다. 수술을 마치고 나서 자기 몸을 보면 배를 갈랐던 상처 자국이 남아있어 그제야 '아, 예전에 맹장이 내 몸의 일부로 있었지'하고 생각하듯 '아, 신학이라는 학문이 예전에는 내 몸의 일부로 존재했구나!'라고 생각해 내는 정도에 이른 것이다.

본래 몸의 일부였으나 이제는 수술로 인해 제거되어 상처 자국만 덩그러니 남아 있는 모습, 이것이 근대 이후에 전개된 신학의 자화상일는지 모른다. 아니, 좀 더 과감하게 말하자면 이것이 현대 세계의 모습 그 자체라고도 말할 수 있다. 우리가 살아가는 세계라는 몸에 신학이라는 맹장은 없어졌지만, 그 맹장이 있었던 흔적은 남아 있다. 프리드리히 니체Friedrich Nietzsche 이후, 현대 사회는 자신의 의지로 자기 몸에서 신학을 도려냈다. 그리고 그 상흔은 여전히 몸에 남아 있다. 맹장 수술 뒤에 상흔을 추적해 거슬러 올라가면 맹장의 자리가 나오고 맹장의 존재를 알 수 있듯, 현대 사회를 구성하는 다양한 구조나 사유하는 방식을 거슬러 올라가면 우리는 '신학'의 자리와 그 존재를 만나게 된다. 그렇기에 조금 과장해서 말하면 신학을 모르면 오늘날 세계의 구조를 온전히 이해할 수 없다. 설사 무언가 사라져 상처 자국만 남아있더라도 그 상처 자국을 살펴보는 일은 매우 중요하다. 19세기부터 20세기 초엽까지 활동했던 에른스트 트뢸치Ernst Troeltsch나 막스 베버Max Weber는 근대 세계의 모습을 설명한 학자들로 바로 이 상흔에 주목했다.[14] 그들은

---

[14] 에른스트 트뢸치(1865~1923)는 독일의 철학자, 사회학자, 신학자이다. 이른바 종교사학파를 대표하는 학자로 꼽히며 괴팅엔, 베를린 등에서 신학을 공부했으며 1894년부터 21년간 하이델베르크대학교에서 신학과 철학을 1915년부터 베를린대학교에서 종교철학, 문화철학, 역사철학 등을 강의했다. 현대의 문화적 · 종교적 전체 상황을 인식하기 위해 근대 세계 형성의 원인을 찾고, 그리스도교와 일반문화 상황과의 역사적 관련을 파악하기 위해 다양한 노력을 기울였다. 저작으로 『근대 세계의 출현에서 개신교가 차지하는 중요성』Die Bedeutung des Protestantismus für die Entstehung der modernen Welt, 『그리스도교 교회와 집단의 사회 교리』Die Soziallehren der christlichen Kirchen und Gruppen, 『역사주의와 그 문제들』Der Historismus und seine Probleme 등이 있다. 한국에는 『기독교사회윤리』(한국신학연구소), 『역사와 윤리』(한들), 『기독교의 절대성』(한들) 등이 소개된 바 있다.

현대 사회라는 상흔이 있는 몸을 이해하기 위해서는 맹장이 있던 시절의 몸으로 거슬러 올라가 어떠한 과정을 통해 맹장이 몸 밖으로 나오게 되었는지를 파악해야 한다고 생각했다. 이러한 점에서 신학은 그리스도교 내부에 있는 사람들의 요청에만 응답해야 하는 학문이라고 단정할 수 없다. 상흔의 문제를 어떻게 생각하느냐에 따라, 신학은 보다 넓은 세계와 결합한 학문으로 볼 수도 있다.

앞서 말했듯, '신학'이라는 말은 대다수가 쓰지 않지만 설사 쓰더라도 그리 좋은 의미로 쓰지는 않는다. 이를테면 "그건 신학에서나 다룰 문제야"라거나 "참으로 신학적인 논쟁이군!"이라고 말할 때 '신학'은 성과가 나올 수 없는 논쟁, 대답 없는 논의나 이야기를 가리킨다. 분명 신학은 이른바 자연과학과 같은 의미에서 실증 학문은 아니다. 신학은 자연과학과 같은 실험을 거치지 않으며 그러한 실험을 거친다 해서 동일한 결과가 나오지도 않는다. 그리스도론이나 구원론이 다루는 내용을 실험으로 증명한다는 것은 불가능하다. 그러나 그렇다고 해서 '신학'은 대답을 기대할 수 없는, 아무런 성과도 낳지 못하는 허무맹랑한 논의이기만 한 것일까? 신학은 이제껏 비현실적이고 추상적이며 저 너머 세계에 관한 논의만 반복해 온 것일까?

꼭 그렇다고 단정할 수 없다. 신학은 성과 없는 추상적 논의가 아니며 우리 일상과 아무런 관계없는 논의를 하는 학문도 아니다. 예를 들어, 정치학자 칼 슈미트Carl Schmitt는 『정치신학』Politische

Theologie이라는 책을 두 번 펴냈다.[15] 꼭 슈미트로 한정하지 않더라도 정치신학政治神學이라는 말은 학계에서 꽤 광범위하게, 모호하지만 다양한 방식으로 쓰이고 있다. 그렇다면 정치신학에서 '신학'은 무엇을 의미할까? 슈미트가 '정치신학'이라고 말했을 때 이는 정치 제 개념이 갖는 신학적 기원과 토대를 의미한다. 예를 들어 '국가 주권'이라고 했을 때 정치신학은 '주권'이라는 개념이 갖는 신학적 기원과 토대를 살핀다. 따라서 슈미트에게 '정치신학'은 새로운 세속화론이다. 이 세속화는 '사회의 탈종교화'를 의미하지 않으며 현대의 사회 구조나 사상 밑바닥에 자리 잡은, 끊으려야 끊을 수 없는 종교적 기원을 가리킨다.

19세기 말, 20세기 초에는 '전쟁신학'Wartime theology이라는 말을 자주 썼다. 빌헬름기 독일에서 학자들은 자신들이 벌이는 전쟁을 긍정하거나 옹호하기 위해 루터파 교회의 전통이나 성서 구절, 혹은 '창조 질서의 원리'나 '두 왕국론'과 같은 신학 개념들을 사용했다. 그들은 신학적인 논의를 바탕으로 전쟁을 개시하는 이유, 사람들을 전쟁터에 내보낼 근거, 군사 행동과 훈련의 구호까지 만들어

---

[15] 칼 슈미트(1888~1985)는 독일의 법학자이자 정치학자로 베를린, 뮌헨, 스트라스부르대학교에서 정치학과 법학을 공부했으며 1933년 베를린대학교 교수가 되었다. 같은 해 나치당에 입당한 뒤 제2차 세계 대전이 끝날 때까지 나치당원으로 활동했으며 나치 히틀러 독재 체제에 이론적 토대를 제시한 사람으로 평가받는다. '주권'에 대한 논의로 대표되는 그의 정치 철학 저서들은 현대 사상가들에게 다양한 방식으로 읽히고 있다. 저작으로 『정치신학』Politische Theologie, 『정치적 낭만주의』Politische Romantik, 『헌법의 수호자』Der Hüter der Verfassung 등이 있다. 한국에는 『정치신학』(그린비), 『땅과 바다』(꾸리에), 『정치적인 것의 개념』(살림), 『합법성과 정당성』(길) 등이 번역된 바 있다.

냈다. 그리고 오늘날 저 시대를 이해하는 데 전쟁신학에 쓰인 용어들을 이해하는 것은 필수불가결한 일이다.

'정치신학'이나 '전쟁신학'에서 신학은 추상적인 논의가 아니라 정치나 전쟁을 뒷받침하는, 지극히 현실적인 이론이다. 정치 영역에서 정치신학은 구체적인 정책을 제시할 때도 있다. 이렇듯 신학은 통념보다 더 현실과 깊게 관련되어 있다. 그리고 이러한 눈으로 보면 '신학이란 무엇인가?'라는 물음에 대한 답변은 좀 더 폭이 넓어진다.

우선은 그리스도교 내부의 시선으로, '신학 제 분야 해제'처럼 신학이라는 학문을 이루는 요소들을 설명하는 식으로 답할 수 있다. 하지만 여기에 덧붙여, 혹은 조금 관점을 바꾸어 '신학이란 무엇인가'라는 물음을 '신학이라는 학문이 사회 속에서 감당해 온 역할은 무엇인가?'라는 물음으로 이해해보는 것은 어떨까? 즉, '신학의 사회적 기능'을 살펴보는 것이다. 이러한 관점으로 '신학'을 생각해 볼 때 '신학'을 무시하는 그리스도교 외부의 시선과 '신학'을 좁고 경직되게 이해하는 내부의 시선을 넘어선 새로운 길을 모색할 수 있지 않을까?

'신학'이라는 학문의 사회사

이제 이 책의 구성에 관해 말해보겠다. 여기서 시도하는 '신학 입문'에서는 '신학이란 무엇인가?'라는 물음에 고전적인 방식의 신학 내용을 기술하지 않는다. 신학을 어떻게 해야 하는가라는 물음도 여기서는 크게 중요하지 않다(물론 때때로 그러한 내용도 다룰 것이다). 대신 이 '신학 입문'에서는 신학이 사회 구조 속에서 무엇으로 존재해 왔는지, 무엇으로 존재하는지를 살피려 한다. 다른 말로 하면 '신학의 사회적 기능'에 관해 생각해 보는 것이다. 그러한 면에서 이 책을 통해 다루는 것은 결국 신학이라는 학문의 사회사라 할 수 있을지 모르겠다. 즉 이 책에서는 왜 '신학'이라는 학문이 탄생했는지, 왜 그러한 학문이 필요하게 되었는지, 역사의 흐름 가운데 신학은 인류, 사회나 교회에서 어떠한 기능을 수행해 왔는지, 그리고 오늘날에는 어떠한 자리에 놓여 있는지를 살펴보려 한다.

신학이라는 학문이 당당히 2천 년에 걸쳐 온 세계에서 논의되어 온 데에는 그만한 이유, 즉 필연성이 있다. 필연성뿐 아니라 필요성도 있다. 이 책의 목적은 신학이 어느 정도 '필연성'을 지니고 전개되어 온 과정을 살핌으로써 그 '필요성'을 다시금 생각해 보는 데 있다. 따라서 이 작업은 그리스도교 역사를 훑어보는 일을 포함하며 자연스럽게 '그리스도교란 무엇인가?'라는 물음에도 일정한 답변을 내놓을 수 있을 것이다.

본격적으로 내용을 다루기 전에 '신학의 사회적 기능'을 생각했을 때 신학이 고대에서 현대에 이르기까지 언제나 사회에서 동일한 기능을 수행하지는 않았음을 염두에 두어야 한다. 신학은 필연적으로 그 신학이 논의되고 적용되는 사회나 시대의 영향을 받는다. 그 시대의 정신적 풍토에 영향을 받음은 더 말할 필요가 없다.

또한 신학은 종교 그 자체가 아니며 신앙의 대상 또한 아니다. 그 점에서 신학은 그리스도교 교리나 신조와는 다르다. 예를 들어 "예수는 참된 하느님이시며, 참된 인간이시다"라는 고백(칼케돈 신조)은 그리스도교 교회의 교리다. 또한 교회는 사도신경과 같은 신조를 갖고 있다. 신학은 이 교리와 신조를 연구하고 해설하지만 그 자체가 교리나 신조는 아니며 이를 만들어 내지도 않는다.

슐라이어마허는 『신학집성』에서 신학을 '실정적(實定的)인 학문'이라고 평가했다. 신학이 '교회'라는 구체적인 현장을 갖고 있기 때문이다. 의학이 병원이라는, 법학이 법정이라는 '실천의 장소'를 갖고 있듯 신학은 교회라는 실천의 장소를 갖고 있다. 그러한 의미에서 많은 사람이 신학을 사변적인 것만을 취급하는 일이라고 생각하더라도 실제 신학은 구체적인 현장을 가진 뚜렷한 실천적인 학문이다. 그리고 뒤에서 다시 말하겠지만 이 실천의 장소로서의 교회가 어떠한 사회적 정황에 놓여 있는지에 따라 '신학'이라는 학문이 지닌 성격은 상당히 달라진다. 교회가 이른바 국민교회, 혹은 국교회여서 국민 대다수가 교회에 소속되었을 경우, 신학은 공립대학교에 신학부를 가질 수 있게 되며 사회에서도 일정한 영향력을 행사한다. 하지만 일본이나 한국처럼 '신앙의 자유' 아래 교회가 일부 집단으로 존재하는 경우, 신학은 소수 집단만을 위한 폐쇄적인 학문으로 간주되기 일쑤며 사회 전반에 걸쳐 영향력을 행사하기란 어렵다. 잠시 사적인 이야기를 하자면, 대학원생 시절 누군가 내게 전공이 뭐냐고 물었을 때 신학을 전공한다고 답하면 그는 한동안 생각에 잠기다 "아, 입시학원 선생님이란 말씀이시죠?"라고 되묻곤 했다. '신가쿠'(신학神學)가 아니라 '신가쿠'(진학進學)로 들어 내가 입시학원 '진학 전문 강사'라고 생각했던 것이다.

다시 돌아가서, 신학은 본래 테올로기아theologia, 즉 '신', 혹은

'하느님'theos에 관한 '말'logos을 뜻한다. 즉 학문으로서의 신학은 교리나 신앙고백과는 달리, 신이라는 대상을 분석하고 해명하는 데 초점을 맞춘다. 이 때문에 신학 이론은 가설로서 언제나 수정되고 새로이 만들어진다. 신학자들은 자신이 처한 시대, 그리고 문화에서 나온 '말'을 사용해 그 대상인 '신'을 더 적절하게 설명하고자 애쓴다. 그렇다면 왜 신학 이론은 끊임없이 수정되고 다시금 새로이 만들어지는 것일까? 그 이유는 (신학이 복무하는) 그리스도교와 교회가 각기 머무는 공간과 시간에 따라, 각 시대와 사회적 배경에 따라 달라지기 때문이다. 그렇기에 신학은 자신이 속한 시대의 지배적인 문화나 시대정신, 철학이라는 도구를 사용해 몇 번이고 다시 쓰일 수밖에 없다. 이를 뒤집어 생각해 시대별로 신학이 놓였던 사회 상황을 분석하면 그 당시 신학이 무엇으로 존재했는지를 가늠할 수 있다는 말이 된다. 마찬가지로 시대별로 신학이 놓인 사회 상황을 분석하면 신학에 영향을 준 시대정신의 특징이나 지배적인 사상이 무엇이었는지도 알 수 있다. 이 책에서는 이 점에 주목해 신학이 과거에 무엇으로 존재했는지, 그리고 현재는 무엇으로 존재하고 있는지 살피려 한다. 이러한 시도를 최근 신학계에서는 '신학사적 관점'이라고 부른다. 신학사란 독일어 '테올로기게쉬히테'Theologiegeschichte를 번역한 말인데 본연의 뉘앙스를 살린다면 '신학사'로 옮기기보다는 '사회사적 방법'이라고 부르는 게 적절하다. 이 방법론은 20세기 말 팔크 바그너Falk Wagner, 트루츠 렌토르프Trutz Rendtorff, 프리드리히 빌헬름 그라프Friedrich Wilhelm Graf 등 뮌헨 학파München Kreis에 속한 사람들이 18세기 이후 독일에서 '신학의 사회적 기능'에 관한 연구를 진행하며 고안한 방법론이다. 이 책에서는 이 방법론을 신학 역사 전체에까지 확대하여 적용해 보고자 한다.[16,17,18] 뮌헨 학파에 속한 신학자들은 1994년 「근대 신학사 잡지」 Zeitschrift für Neuere Theologiegeschichte를 간행했다.[19] 잡지를 시작하며 그들은 창간 목적을 다음과 같이 밝힌다.

> 우리는 18세기 초부터 현재에 이르기까지의 정치, 사회적 변동의 과정에서, 각각의 사례를 대하면서 신학을 둘러싼 문화적 환경과 신학과의 다양한 상호 관계를 탐구하려 한다.

[16] 팔크 바그너(1939~1998)는 독일의 개신교 신학자이다. 프랑크푸르트대학교에서 철학과 사회학을 배운 뒤 볼프하르트 판넨베르크의 지도 아래 신학으로 박사 학위를 받았다. 이후 뮌헨의 루트비히 막시밀리안 대학교에서 신학을 가르쳤으며 빈대학교의 개신교 신학부 창설에도 기여했다. 현대 학문과의 적극적인 대화를 바탕으로 개신교 신학을 재구성하려 노력한 학자로 평가받는다. 저작으로 『종교란 무엇인가?』Was ist Religion?, 『잊혀진 사변신학』Die vergessene spekulative Theologie, 『개신교의 현재 상황』Zur gegenwärtigen Lage des Protestantismus 등이 있다.

[17] 트루츠 렌토르프(1931~2016)는 독일의 개신교 신학자이다. 괴팅엔, 바젤, 뮌스터대학교에서 신학과 사회학을 공부했으며 뮌스터대학교에서 신학으로 박사 학위를 받았다. 이후 뮌스터대학교, 뮌헨대학교에서 신학을 가르쳤다. 트뢸치를 재평가해 '에른스트 트뢸치 협회'의 초대회장을 지냈다. 저작으로 『정치 윤리와 그리스도교』Politische Ethik und Christentum, 『근대의 신학』Theologie in der Moderne, 『윤리 문화에 대한 개신교의 기여』Protestantische Beiträge zur ethischen Kultur 등이 있다.

[18] 프리드리히 그라프(1948~)는 독일의 개신교 신학자이다. 부퍼탈, 튀빙엔, 뮌헨대학교에서 신학, 철학, 역사를 공부했으며 신학 박사 학위를 받았다. 이후 렌토르프의 후임으로 뮌헨대학교의 교수가 되었으며 신학자로는 최초로 독일 연구 재단에서 수여하는 라이프니츠 상을 받았다. 저작으로 『트뢸치와 하르낙』Troeltsch und Harnack, 『학대받는 신들』Missbrauchte Götter, 『신들의 귀환』Die Wiederkehr der Götter 등이 있다.

[19] 「근대 신학사 잡지」는 베를린의 베를린의 그로이터de Gruyter 출판사에서 1년에 2권씩 발행하고 있다.

이러한 방법은 근대만이 아니라 고대 이래에 전개되어 온 신학의 역사에도 적용할 수 있지 않을까? 이러한 관점으로 '신학'이라는 학문을 살펴보면 왜 특정 신학 사상이 특정 시대에 탄생했는지를 이해할 수 있고, 시대가 신학에 무엇을 요청했으며 신학은 그 요청에 어떠한 방식으로 답해왔는지도 이해할 수 있게 된다. 그리고 결과적으로 이러한 고찰을 통해 우리는 현대 사회에서 신학의 '현실성'actuality을 분명하게 알 수 있게 될 것이다. 현실성이라는 말은 최근 여러 분야에서 쓰이고 있는데, 철학자들이나 사회학자들이 이 말에 관해 다양한 정의를 내리고 있기 때문에 개념 정립에 혼란을 느낄 수도 있다. 하지만 여기서는 이 개념을 사용해, 신학이 눈에 보이지 않는 고도로 추상적인 세계를 취급하는 학문처럼 보이지만 실제로는 지극히 현실적인 정치나 사회에 영향력을 미치면서 인간의 행동을 구체적으로 규정해 온 학문이며, 오늘날에도 그러한 역할을 수행하고 있음을 밝히려 한다. 신학이라는 학문은 현실 문제에 대처하는 매우 탁월한, 그리고 손쉽게 사용할 수 있는 좋은 학문적 도구다.

신학에 관해 이러한 식으로 말하면 누군가는 분명 "그것은 신학이 아니다!"라며 비판을 가할 것이다. 신학은 교회를 위한 학문이지 현실 문제에 대처하는 학문이 아니라는 것이다. 분명 이러한 비판은 일리가 있다. 그러나 그러한 생각조차 하나의 '신학관'이며 이러한 신학관을 잉태한 것은 근대 이후의 사회적 정황이다. 이러한 사회적 맥락에서 '신학은 교회를 위한 학문이다'라는 말은 '옳다'. 내가 주목하는 것은 바로 '신학은 교회를 위한 학문이다'라고 말할 필요를 낳는 사회적 맥락이 있다는 점이다. 이 책이 시도하는 것은 바로 그 '사회적 맥락'에 초점을 맞추고 신학을 고찰하는 것이다. 신학은 '교회를 위한 학문'일 수도 있고, '교회의 학문'일 수도 있다. 그러나 역사를 살펴보면 반드시 그러한 방식으로만 신학이 기능하지는 않았다. 우리는 '신학은 교회의 학문'이라는 표현에 담긴 의미를 알면서도 동시에 이 정의가 다분히 근대라는 정황에서 나온 정의라는 점, 전체 역사를 두고 봤을 때 지극히 한정된 시점에서 나온 정의라는 점을 알아야 한다.

이 책의 구상과 목적

이 책은 '신학이라는 학문의 역사'를 다루기도 하지만 '한 종교로서의 그리스도교 역사'를 살피기도 할 것이다. 차차 이야기하겠지만, 모든 물음을 거슬러 올라가면 그곳에는 신학이나 종교로서의 그리스도교가 왜 태어나게 되었느냐는 단순한 물음이 있다. '신학'이라는 세계에 아무런 의식도 하지 않은 채 들어가 푹 빠지게 되면 이 근원적 물음이 보이지 않게 된다. 그도 그럴 것이 신앙, 예수 그리스도의 가르침, 그리고 오늘날 일반적으로 '신학'이라고 부르는 것은 단순하게 연결되어 있지 않다. 예수 그리스도는 '이 세상의 종말', '하느님 나라의 도래'를 가르쳤다. 그는 신학을 구축하지 않았으며 그리스도교라는 제도화된 종교 집단을 만들지도 않았다. 혹자는 예수에게도 신학이 있었으며 일정한 '신학'을 갖고 그 이론으로 당시 유대교를 비판했다고 말할지 모른다. 하지만 이러한 주장은 두 가지 점에서 지지하기 어렵다. 첫 번째, 우리가 지금

보는 것은 예수 자신이 세운 신학이 아니라, 예수의 가르침에 나름 대로 해석을 가한 뒤, 복음서라는 그릇에 기록해 남긴 '복음서 저자들의 신학'이라고 보는 것이 적절하다. 두 번째, 설사 복음서 저자들의 신학과 예수의 신학이 일치한다고 하더라도, 예수가 전한 가르침의 목적은 학문을 정초하거나 종교를 수립하는 데 있지 않았다. 그의 가르침은 종말론적인 시각을 바탕으로 당대 사회와 종교 제도를 비판하는 데 초점이 맞추어져 있었지, 특정 학문 체계나 사회 형성을 위한 이론을 제시하려던 것이 아니었다. 이 때문에 처음으로 신학을 구축한 사람들은 신학을 구축하기 위해 예수의 가르침 이외의 것을 활용하지 않을 수 없었다. 이와 관련해 가톨릭 신학자 알프레드 로와지Alfred Firmin Loisy는 유명한 말을 남겼다.[20]

예수는 하느님 나라가 도래했다고 가르쳤지만, 이 땅에 생겨난 것은 교회였다.

대단히 아이러니한 말이지만, 이 말은 왜 신학이 필요하게 되었는

---

[20] 알프레드 로와지(1857~1940)는 프랑스의 로마 가톨릭 사제이자 신학자, 역사학자다. 파리 가톨릭대학교에서 히브리어와 성서학을 가르쳤는데 고고학 결과를 교회사 연구에 적용하는 데 선구적인 역할을 한 뒤셴L. Duchesne의 영향을 받아 성서에 역사비평 방법론을 적용할 것을 주장하다 교수직을 박탈당했다. 1902년 출간한 『복음과 교회』Evangile et l'Eglise는 로마 가톨릭 교회의 금서 목록에 올랐으며 1907년 교황 피우스 10세는 그를 견책했으나 이에 순종하지 않아 파문되었다. 1909년부터 31년까지 콜레주 드 프랑스에서 종교사를 강의했다. 저작으로 『이스라엘의 종교』La religion d'Israël, 『그리스도교의 탄생』La naissance du Christianisme, 『신약성서의 기원들』Les origines du Nouveau Testament 등이 있다.

지를 생각해보게 하는 단서가 된다. 어느 시점에 이르러 예수를 따르는 사람들에게, 신학이라는 학문이 필요하게 된 상황이 발생했다. 이와 관련해 제2장에서는 고대 그리스도교 역사를 살피며 '왜 신학이 필요하게 되었는가?', '왜 신학이 탄생하였는가?'라는 문제를 다룰 것이다. 제도화된 그리스도교는 지중해 지역을 떠나 오늘날 유럽 지역으로 옮겨갔는데 이러한 과정에서 '중세'라 불리는 기묘한 세계가 태어났다. 제3장에서는 중세 시대에 신학은 무엇이었는지를 검토할 것이다.

중세의 사회 체제가 붕괴하자 오늘날 '근대'라고 불리는 시대가 도래했다. 이때 신학은 세 가지 형태를 새롭게 구축했는데 첫 번째 형태는 그리스도교 교파 의식과 결합한 신학으로 16세기 '종교개혁'이라 부르는 일련의 사건들에 그 기원을 둔다. 종교개혁이 정확히 무엇인지에 관해서는 수많은 논의가 있지만, 독일의 경우 종교개혁을 통해 독일 국민으로 이루어진 신성로마제국 안에 두 개의 그리스도교 교파가 탄생했고 각 교파는 자신이 무엇인지를 설명하고 대답하기 위해 이전과는 다른 방식의 신학을 필요로 하게 되었다. 제4장에서는 이렇듯 외부 공동체와의 차별화를 도모하는 '정체성 형성으로서의 신학'에 관해 살필 것이다.

두 번째 형태는 17세기에 태동한 실용주의로서의 신학이다. 오해를 불러일으킬지도 모르는 말이지만, 이 신학은 국가와 종교, 혹은 교회가 하나를 이루고 있던 전통, 한 지역 혹은 국가에 하나의 종교나 교파가 있던 전통이 붕괴함에 따라 만들어졌다. 하나의 종교, 교파가 무너짐에 따라 다양한 종교, 교파가 한 지역 안에 존재하게 되었고, '종교 혹은 교파의 시장'이 만들어지게 되었다. 이 시장에서 신학은 일종의 상품으로 간주되었다. 다시 말하면, 신앙이나 교회를 새로이 형성하는 것이 자유로워짐에 따라 사람들이 자신에게 가장 도움이 되는 신앙이나 신학을 선택할 수 있게 된 것이다. 신앙이나 신학은 더 이상 강제로 받아들여야 할 것이 아닌, 소비자가 선택할 수 있는 '상품'이 되었고, 각 종교와 교파는 사람들이 자신들을 선택할 수 있게끔 신학을 마케팅해야 하는 상황에 직면했다. 같은 맥락에서 시장에서 상품 판매량이나 상품 만족도가 중시되듯 선교의 결과나 신앙생활의 만족도가 중요한 사안으로 떠오르기 시작했다. 이 내용에 관해서는 제5장과 제7장에서 설명하려 한다.

세 번째 형태는 그리스도교가 교회에서 분리된 채 '정신'의 문제가 되어 국가의 관리 아래 들어감으로써 만들어지는 신학이다. 이때 신학은 민족주의 혹은 국가주의를 낳고 그것을 뒷받침하는 장치로 기능한다. 18세기 프랑스 혁명, 혹은 계몽주의 운동에 기원을 둔 이러한 신학 유형은 제6장에서 다룰 것이다.

이들 세 유형의 신학은 오늘날과 다양한 방식으로 연결되어 있다는 점에서 결코 과거의 유물이 아니다. 중세에 확립된 신학은 때와 장소에 따라 다양한 방식으로 재구축 과정을 거쳤다. 어떠한 방식으로, 시대 및 공간과 어떠한 영향을 주고받으며 신학이 어떠한 방식으로 다시금 구축되는지, '신학이 무엇이 되었는지'를 살피는 것은 제4장부터 제7장까지를 관통하는 일관된 과제다.

마지막 제8장에서는 제7장까지의 검토를 바탕으로 '오늘날 우리에게 신학은 과연 어떠한 의미를 갖는가?', 그리고 '신학은 과연 필요한가?'라는 물음에, 즉 '신학의 현실성'이라는 문제에 관해 답해보려 한다.

제2장

왜 "예수는 하느님 나라가 도래했다고 가르쳤지만, 이 땅에 생겨난 것은 교회"였던 것일까?

신학은 왜 필요하게 되었나?

'그리스도교의 역사를 언제부터 시작으로 잡아야 하는가?'라는 주제는 논쟁적이며 다양한 의견이 있다. 가장 전통적인 견해는 그리스도교가 유대교의 한 분파로 시작했다는 것이다. 이는 그리스도교와 유대교 모두 히브리 성서를 경전으로 갖고 있다는 점을 생각하면 쉽게 이해된다.[1] 그리스도교의 시작을 예수로 잡는 것은 너무나 자연스럽고 상식적인 판단 같지만, 역사적으로는 가장 가능성이 낮다고 평가받는 견해다. 그리스도교의 시작을 예수로 보는 전통적인 견해는 20세기 중엽 일어난 그리스도교라는 '종교'에 대

---

[1] 최근 성서학계에는 '구약성서'라는 말 대신 '히브리 성서'라고 부르는 경향이 있다. 다만 히브리 성서 일부는 히브리어가 아닌 언어로도 기록되어 있음을 염두에 둘 필요가 있다.

한 비판적인 움직임과, 전 세계적으로 고조된 학생 운동이나 교회 반대 운동으로부터 거센 공격을 받았다. 이러한 입장에서 그리스 도교라는 '종교'를 낳은 사람은 예수가 아닌 바울로이며, 그로 인해 탄생한 것은 예수가 선포했던 복음, 예수 운동과는 차이가 있거나 거리가 먼 하나의 새로운 '종교'였다. 이러한 입장에서 그리스 도교는 '바울로의 구원론'이 잉태한 '바울로적 그리스도교'다.

이와 마찬가지로, 그리스도교가 신학이라는 학문을 언제 낳았는지에 대해서도 의견이 엇갈린다. 하지만 이러한 논의들이 생산적이라고 볼 수는 없다. 논의를 생산적으로 이어나가기 위해서는 신학이 '언제' 탄생했는지를 묻기보다는 신학이 '왜' 탄생했는지를 고민해 봐야 한다.

이렇게 질문을 바꾸어 생각하는 일은 중요하다. 종교는 신학의 산물이 아니기 때문이다. 신학은 특정 종교가 발생한 다음 그 종교를 뒤따라 나온다. 신학이 종교를 만드는 것이 아니다. 예수는 신학자가 아니었으며 신학이라는 말조차 사용하지 않았다. 좀 더 나아가 예수는 철저한 종말론을 가르쳤다는 사실을 숙고해 보아야 한다. 예수를 따른 첫 번째 제자들 대부분은 이 철저한 종말론, 즉 머지않아 세상이 끝나며 하느님 나라가 올 것이라는 가르침이 실재성을 갖는다고 믿으며 살았다. 예수는 말했다.

때가 다 되어 하느님의 나라가 다가왔다.
회개하고 이 복음을 믿어라. (마르코의 복음서 1:15)

물론 제자들은 "하느님의 나라가 다가왔다"는 선포가 지닌 긴 장감을 각기 다른 방식으로 받아들였을 것이다. 하지만 대부분의 제자는 이 선포를 들으며 이 세상에서 살아가는 가운데 질 수밖에 없던 무거운 짐에서 곧 해방되리라고 믿었다. 그리고 이는 종교적 인 차원뿐 아니라 정치·경제적인 차원까지를 포괄했다. 어떤 학 자들은 임박한 하느님 나라의 도래라는 주장을 정치 혁명으로 받 아들여 당시 정치 체제(로마제국)가 끝나고 새로운 정치 질서가 들 어설 것이라 기대한 사람들도 있었다고 말한다. 물론 하느님의 나 라, 하늘 나라라고 번역되는 이 표현은 하느님의 통치라고도 번역 할 수 있으므로 누군가 이 말을 듣고 로마제국의 종말과 새로운 신 정 정치의 도래를 기대했다는 것은 결코 이상한 일이 아니다. 이러 한 상황을 고려해보면 예수가 신학이라는 학문을 낳았다고 생각할 수는 없다. 예수가 전한 하느님 나라에 관한 가르침은 세계 질서가 금방이라도 끝나 버릴 것 같은 긴장감으로 가득 차 있기 때문이다.

> 너희는 무엇을 먹고 마시며 살아갈까, 또 몸에는 무엇을 걸칠까
> 하고 걱정하지 마라. (마태오의 복음서 6:25~34)

> 그 날과 그 시간은 아무도 모른다. 그러니 항상 깨어 있어라.
>
> (마태오의 복음서 25:13)

이 구절들에서 잘 나타나듯 예수의 가르침은 곧 있으면 끝날 세상 을 전제로 하여 하느님 나라에 들어가기 위한, 혹은 하느님의 통치

에 머무르기 위한 방법이 중심을 이룬다. 그러한 면에서 예수는 신학 체계나 '종교'로서의 그리스도교를 창설했다고 볼 수 없다.

프랑스 계몽주의 신학자 알프레드 로와지는 그리스도교라는 종교의 탄생이, 예수가 가르친 것과는 다른 방향으로 세계가 전개된 것에 따른 의도치 않은 결과라 생각했다. 앞서 언급한 "예수는 하느님 나라가 도래했다고 가르쳤지만, 이 땅에 생겨난 것은 교회였다"는 말은 바로 이를 가리킨다.

신학의 탄생은 예수가 가르친 것과 같은 하느님 나라의 도래는 이루어지지 않았으며 종말이 지연되었다는 의식과 깊은 연관을 맺고 있다. 내일 이 세상이 문자 그대로 '끝난다면' 학문 체계를 수립하거나 예술 활동을 하며 작품을 남기거나 대출을 받아 집을 사지는 않을 것이다. 하느님 나라가 임하는데, 혹은 하늘 나라에 가는데 그러한 활동이 무슨 의미가 있겠는가. 하지만 문자 그대로의 '종말'은 오지 않았다. 어떤 의미로든 종말이 오지 않았다면 그 상태는 '잠정적'이다.

종말의 지연

예수 사후 일어난 이른바 '예수 운동'(초대 교회)이라는 상황으로 돌아가 보자. 하느님 나라는 아직 오지 않았다. "하느님 나라가 다 가왔다"고 가르친 예수는 십자가에서 처형당했다. 그때 예수의 가르침을 따른 이들에게는 자연스럽게 몇 가지 의문이 생겼을 것이다. 이때 나온 물음들은 단순하지만 동시에 필연적인 물음이었다. '정말로 하느님 나라가 오는가?', '온다면 언제 오는가?', '하느님 나라가 올 때까지 무엇을 해야 하는가?' 신약성서를 보면 이러한 물음에 대한 답변들을 발견할 수 있다. 아니, 어떠한 면에서는 신약성서 자체가 이러한 물음들에 대한 답변의 모음이라고 말할 수도 있을 것이다. 예수가 성서를 쓰지 않았으며 성서가 예수의 가르침을 제자들이 해석하고 예수의 삶을 증언한 기록물이라 한다면, 성서는 최초의 신학적 산물이라고도 말할 수 있을 것이다. 물론 엄밀한 의미에서 성서 그 자체를 '신학'이라 부르는 것은 무리겠지만 말이다. 다만 훗날 신학이라 부르는 것을 그리스도교가 잉태된 순간까지 끌고 올라간다면 성서 또한 신학적 행위의 소산이라 말할 수는 있을 것이다.

예수 사후에 일어난 다양한 물음 앞에 살아남은 제자들은 어떻게 답했을까? 다양한 물음 중에서도 가장 중요했던 것은 종말에 관한 물음이었다. 종말이라는 문제는 그리스도교에서 일종의 거대 이론grand theory에 속한다. 예수를 따르던 제자들은 종말을 간절히 기다리며 도래할 하느님 나라를 고대했다. 기다림의 방식에는 몇 가지 선택지가 있다. 현세를 거부하고 로마제국이라는 현실을 무시할 수도 있고, 이 세계 문화에서 격리된 채 폐쇄된 공동체를 만들어 나갈 수도 있다. 그러나 대다수 예수의 제자들은 그러한 길을 택하지 않았다.

그들은 예수의 하느님 나라에 대한 가르침을 재해석함으로써 그들에게 중요한 문제였던 종말에 대한 답변을 시도했다. 성서에서 예수는 "하느님의 나라가 다가왔다"(마르 1:15)고도 말하고,

"하느님의 나라는 이미 너희에게 와 있는 것이다"(마태 12:28, 루가 11:20)라고도 말한다. 예수의 제자들은 이 가르침들을 바탕으로 자신들이 놓인 현실을 설명하려 했다. '예수는 세상의 종말을 가르쳤지만, 아직 오지는 않았다'는 현실을 직시한 것이었다. 이것이 예수의 제자들이 행한 최초의 신학적 행위였다.

제자들이 진행한 신학적 노력의 결과는 무엇이었는가? 예수는 분명 이 세상에서 구원을 이루었다. 제자들은 이를 풀어 '종말의 시작은 이미 시작되었다'와 '종말의 종말은 아직 오지 않았다'로 설명했다. 종말을 시간적 의미에서 특정 '순간'이 아닌, 하나의 '드라마'Drama로 본 것이다. 좀 더 덧붙이면 예수가 가르친 종말은 이 세상에서 '종말'이라는 드라마의 '시작'이었다. 이러한 논리로 보면 종말의 종말, 즉 최종적인 종말은 '종말'이라는 드라마의 마지막 장면이 된다. 오늘날 텔레비전 드라마에 견주어 보면, 종종 방영되는 미니시리즈는 대부분 10회 정도 이어진 뒤 최종회가 나온다. 그 최종회가 '종말'이라는 드라마이다. 그런데 최종회에도 오프닝 장면이 있고 한 시간 정도 이야기가 이어지다 절정의 순간이 등장하며 지금까지 다루어 온 모든 이야기를 정리해 간다. 마침내 엔딩 테마곡이 흐르며 10부작 드라마가 마무리된다. 예수가 전한 '종말'은 바로 이 최종회에 해당하며 엔딩 테마곡이 '마지막의 마지막', 곧 최종적인 종말이라 할 수 있다.

이렇게 보면 하느님의 구원 드라마는 예수의 탄생을 통해 최종회에 돌입한 것으로 파악할 수 있다. 예수가 "하느님의 나라가 다 가왔다"(마르 1:15)고 선포한 것은 이 드라마가 최종회에 돌입했음을 알리는 선언이라 말할 수 있다. 최종회가 끝날 때, 즉 마지막 이야기까지 끝으로 치달을 때 비로소 구원이라는 드라마는 완결된다. 이러한 맥락에서 종말은 '이미' 시작되었다. 그러나 동시에 '아직' 오지 않았다. 이렇게 보면 오늘날 우리가 그리스도교라고 부르는 것은 이 오프닝에서 시작해 엔딩까지 진행되는 드라마의 최종회라 할 수 있다. 이 최종회 이야기는 2천 년이라는 세월이 넘게 진행되었으며 이 가운데 신학이라는 학문이 탄생했다. 이를 염두에 둔다면 앞서 언급한 예수와 바울로, 혹은 예수와 그리스도교 사이에 있는 간극을 '건너기 힘든 강'으로 여기거나 부정적으로만 보기보다는 긍정적인 것으로, 더 적극적으로 받아들일 수도 있다. 신학이란 시대정신이나 사회적 상황이 낳은 물음에 대해, 그리스도교라는 무대 위에서, 당대 언어나 사상을 활용하여, 예수의 가르침을 재해석하는 시도로 볼 수 있기 때문이다. 신학이라는 학문의 탄생이 바로 이 점을 보여주며 우리는 이 점에 좀 더 주목해야 한다.

'하느님 나라' 사상의 대개조大改造

'이미, 그러나 아직'이라는 종말에 관한 설명은 예수를 따르던 이들을 어느 정도 설득하는 데는 성공했을지는 모르지만 외부 사람들을 설득할 수 있는 내용은 아니었다. 제자들은 더 깊은 고민에 빠졌을 것이다. 그들은 하느님께서 진행하시는 구원의 드라마에 관한 설명을 더 확대할 필요를 느꼈다. 종말에 관한 설명은 그리스도교라는 배경, 무대를 설정하는 정도로 끝났고 그 이상의 작업을 개진하지는 않았다. 대신 그들은 예수의 십자가 처형이 지닌 의미를 해석하고 설명하려 했다. 그들은 예수가 받은 십자가형이 어떠한 식으로 이루어졌는지, 그 십자가형이 어떠한 의미에서 다른 십자가형과 다른지, 또한 그것이 어째서 단순한 정치적 형벌이 아니라 하느님께서 진행하시는 구원의 드라마에서 필연적으로 일어나야 할 사건이었는지를 설명해야 했다. 그 결과 예수의 죽음이 로마제국이 한 갈릴래아 남자에게 가한 정치적 탄압이 아닌 '속죄'의 행위라는 해석이 나왔다. 예수의 삶과 죽음을 인류 구원을 위한 속죄라는 관점에서 새롭게 설명해 보인 것이다. 또한 그들은 메시아니즘Messianism의 재해석을 시도함으로써 유대교와 자신을 분리시켰다. 이러한 시도들은 분명 신학적 행위였으며 여기서 오늘날 우리가 신학이라 부르는 것의 맹아를 발견할 수 있다.

오늘날 그리스도교로 불리게 된 원시 교단이 맞닥뜨린 문제는 또 있었다. 바로 '하느님 나라' 사상이었다. 예수의 가르침, 이를 수정하고 재해석한 제자들의 하느님 나라 주장은 로마제국이라는 시대의 사회·정치 상황에서 새로운 도전에 직면했다. 이 세상의 종말과 '하느님 나라'의 도래는 한 묶음으로 엮일 수밖에 없기에 이 도전은 더 곤혹스러울 수밖에 없었다. 예수는 종교적인 확신을 가지고 구원의 가르침을 전했다. 세상은 고통으로 가득 찬 부조리한 세계이며 이러한 세계가 종말을 맞이해 부정되고 극복됨으로써 하느님 나라, 하늘 나라와 같은 세계가 온다는 주장은 당시 많은 사람이 바라던 구원의 형태이기도 했다. 하지만 이 경우 부정되는 '이 세상'이란 구체적으로 무엇인가? 이 물음은 결코 추상적으로 답할 수 있는 것이 아니며 물음을 발생시킨 사회적 정황과 결합되면 더 난처한 물음일 수밖에 없다. 예수 시대의 사회·정치 상황은 분명 로마제국이었다. 그러므로 '하느님 나라가 도래했다'는 가르침, '이 세상은 끝난다'는 가르침은 당시 영원히 지속하리라고 믿었던 로마제국의 종언을 알리는 위험한 사상, 곧 혁명의 논리가 될 수밖에 없었다. 로마제국 아래서 초기 그리스도교는 제국 지배의 정통성이나 지속성을 부정하는 위험한 종교, 혹은 정치 운동으로 보일 수밖에 없었다. 그렇기에 로마제국이 그리스도교를 적대시 하고 박해한 것은 자연스러운 일이었다. 초기 그리스도교인들은 지하 세계에서 은둔해 살아갈 수밖에 없었다.

하지만 모두가 알고 있듯 그리스도교는 멸망하지 않았다. 오히려 그리스도교는 로마제국의 공인을 받아 로마제국의 종교가 되었다. 어떻게 이러한 거대한 전환이 일어난 것일까? 이 문제에 관심을 가졌던 대표적인 신학자로 칼 바르트가 본에 있을 무렵 동료이자 훗날 로마 가톨릭으로 옮긴 에릭 페테르존Erik Peterson이 있다.[2] 그는 이 전환기에 카이사레아의 에우세비우스Eusebius of Caesarea와

---

[2] 에릭 페테르존(1890~1960)은 독일의 로마 가톨릭 신약성서학자이자 교회사가다. 스트라스부르, 베를린, 바젤, 괴팅엔 등에서 개신교 신학을 공부하고 본대학교에서 교회사를 가르쳤다. 원래는 개신교 신자였지만 1930년 로마 가톨릭으로 개종하고 로마에 있는 그리스도교 고고학 연구소Pontificio Istituto di Archeologia Cristiana에서 연구원으로 활동했다. 칼 슈미트와 논쟁을 벌인 것으로 유명한데 슈미트가 1922년 『정치신학 I』을 출간하자 그는 『정치적 문제로서의 일신교』Der Monotheismus als politisches Problem을 통해 슈미트의 기획을 반박했다(페테르존이 세상을 떠난 후인 1970년 슈미트는 『정치신학 II』를 통해 자기 변론과 답변을 제시했다). 저작으로 『신학이란 무엇인가?』Was ist Theologie?, 『유대인과 이방인의 교회』Die Kirche aus Juden und Heiden, 『초대 교회, 유대교와 영지주의』Frühkirche, Judentum und Gnosis 등이 있다.

그 동료들이 결정적인 역할을 맡았다고 생각했다.[3]

카이사레아의 에우세비우스는 성서가 쓰인 이후 그리스도교 교회의 역사를 기록한 최초의 인물이며 교회사의 시조始祖라고도 불린다. 그의 저작『교회사』Historia ecclesiastica는 예수 시대 이후 초대 교회 역사를 기록한 책으로써 성서에 나오는 자캐오Zacchaeus라는 로마의 세리가 예수를 만나 회심한 뒤 카이사레아의 주교가 되었다는 사실 등이 담겨 있다. 그가 남긴 저작 중 널리 알려진 또 다른 저작은『콘스탄티누스의 생애』De vita Imperatoris Constantini로 그리스도교를 공인한 로마제국의 콘스탄티누스 1세Flavius Valerius Constantinus I의 생애를 다룬 정치·종교적 해설서다.

동시대 법학자 칼 슈미트가 쓴『정치신학』을 비판하기 위해 페테르존은『정치적 문제로서의 일신교』Der Monotheismus als politisches Problem라는 책을 썼다. 이 저작에서 페테르존은 에우세비우스 당시 그리스도교인들은 이 세상이 끝남으로써 도래하는 '하느님 나라'를 강조하지 않았으며 이 세상과 평행하는 하느님 나라를 강조했다고 주장한다. 세상이 끝남으로써 하느님 나라가 온다고 생각하면 현재 세상의 질서, 즉 로마제국이라는 존재를 정치적으로 부정하게 되어 버린다. 이 때문에 로마제국은 그리스도교를 박해했다. 여기에 대응해 당시 그리스도교인들은 이 세상과 하느님 나라

---

[3] 카이사레아의 에우세비우스(265?~339)는 주교이자 그리스도교 변증론자, 성서주석가다. 그리스도교 최초로 교회사를 편찬한 사람으로 '교회사의 아버지'라고 불리며 그가 쓴『교회사』Historia ecclesiastica는 오늘날까지 초대 교회에 관한 가장 중요한 문헌으로 꼽힌다. 그 외에도 초대 교회의 순교자들에 관한 전기를 썼으며 콘스탄티누스에 대한 전기도 썼다.

가 평행하는 관계라는 새로운 해석을 내놓았다. 인간이 죽으면 이 세상에서 하늘 나라에 가는 것처럼 묘사하면, 즉 양자를 시간의 차원에서 다루지 않고 공간의 차원으로 바꿔 설명하면 로마제국의 존재를 부정하지 않고도 하느님 나라를 설명할 수 있기 때문이다.

더 나아가 에우세비우스는 천상에 있는 하느님 나라를 지배하는 '유일한 하느님'과 지상을 지배하는 '유일한 지배자'를 하나로 묶었다. 이러한 시도는 로마 황제에게 매력적으로 다가갔다. 당시 로마제국은 다신교로 인해 관용 정책을 펼쳤지만, 그만큼 정치적으로 제국을 관리하는 데 골머리를 앓고 있었기 때문이다. 정치 영역에서는 늘 지배의 정통성이 문제로 떠오르기 마련이다. 오늘날처럼 민주주의를 당연시하는 세계에서 위정자의 정통성은 선거를 통해 보장된다. 그러나 황제나 왕의 경우는 그 정통성, 정당성을 인정받기 위해 선거라는 수단을 사용할 수는 없다. 대신 그들이 택한 것은 종교다. 그들은 자신이 '신이 선택한 지배자'라고 주장했으며, 종교계에서 이를 인준받음으로써 그 정당성을 뒷받침했다. 이러한 주장이 설득력을 얻으려면 왕과 신민 모두가 같은 종교를 믿어야 하며 다신교보다는 일신교가 지배자에게 유리한 여건을 제공해준다. 게다가 에우세비우스가 설정한 구도, 즉 하느님 나라를 지배하는 유일하신 전능의 하느님과 지상의 유일한 절대적 지배자가 긴밀하게 연결되어 있다는 주장은 정치적으로도 종교적으로도 이해하기가 쉬웠다.

이렇듯 '하느님 나라' 사상에 대한 새로운 해석, 하느님 나라 사상의 대개조大改造는 그리스도교뿐만 아니라 로마제국에도 일정한 유익을 가져다주었다. 당시 사회에서 소수파로만 존재했으며 반제국적인 종교 단체로 인식되던 그리스도교는 공인을 받아 실질적인 '종교'로 거듭났으며 신학은 그리스도교를 믿는 사람 이외에게도 일정한 의미를 갖게 되었다. 공인 이후 그리스도교는 사회의 기본 도덕을 제공했고 정치 체제나 문화에 정통성을 부여했다. 그리고 이러한 사회적 토양 아래서 실질적인 '신학'이 탄생했다. 이러한 과정이 없었다면 예수의 십자가 사건에 대한 그 어떤 훌륭한 속죄론적 해석이 있다 해도 그리스도교라는 종교는 존재할 수 없었을 것이다.

신학의 탄생

그리스도교가 지하에서 지상으로 나와 로마제국의 종교가 되었지만 세상 문제에 관해 말하려 할 때 적절한 수단을 갖고 있었던 것은 아니다. 앞서 말했듯 그리스도교는 예수를 그리스도, 구세주라 고백하고 주장하지만 그 예수는 하느님 나라의 도래, 하느님 나라라는 현실을 목전에 둔 상태에서 그곳에 들어가기 위해 어떻게 살아야 할지를 가르쳤다. 어떠한 식으로든 세상은 부정적으로 취급되었다. 초기 그리스도교의 가르침 또한 이론이나 체계보다는 결단이나 믿고 따르는 행위를 강조했다. 이때까지 그리스도교는 세상에 관해 구체적인 가르침이나 생각할 방법을 제시하지는 못했다. 그때까지 전해 내려온 가르침이 세상에 별다른 관심을 기울이지 않았기 때문이다. 따라서 그리스도교 내부에서는 예수의 가르침을 기본으로 삼으면서도 이를 바탕으로 세상에 접속할 방법을 강구하기 시작했다. 정치나 경제, 교육이나 문화 같은 영역에서도 발언하지 않으면 안 되는 상황에 직면했기 때문이다. 종말을 기다리고 앙망하면서 '종말'(마지막 때)은 시작되고 있지만, 그 드라마 최종회의 전개 가운데서 '종말의 종말'(마지막 회의 마지막 장면)을 생각하지 않으면 안 되는 이들에게 그리스도교는 '그 마지막 회의 마지막 순간'에 이르기까지의 삶의 방법을 가르쳐야 했다. 지금까지 성립되어 온 사회체제에 관해 그리스도교의 관점으로 설명해야 하는 입장에 서게 된 것이다.

여기서 중요한 것은, 그리스도교가 당대의 사회적, 정치적, 그리고 문화적인 틀 속에서 자신을 새롭게 형성해 나가야 했고 그로인해 자신의 존재에 대해 설명해야 할 책임을 지게 되었다는 점이다. 신학은 이러한 요청의 산물이며 결과적으로 당대 시대정신을 형성하는 데 기여하기도 했다.

이 시기 지중해 지역에서 전개된 그리스도교에 결정적인 영향을 미친 것은 헬레니즘 문화였다. 이 점에 주목한 사람이 바로 베를린대학교 신학부의 교수로 있으면서 독일 황제 정추밀고문관正樞密顧問官으로 활약한 아돌프 폰 하르낙Adolf von Harnack이다.[4]

---

[4] 아돌프 폰 하르낙(1851~1930)은 독일 개신교 신학자이자 교회사가이다. 오늘날 에스토니아와 라트비아에 속한 리보니아에서 태어나 리보니아에 있는 타르투대학교에서 신학을 공부하고 독일 라이프치히대학교에서 신학 전공으로 박사학위를 받았다. 이후 라이프치히, 기센, 마르부르크, 베를린 훔볼트대학교에서 교회사를 가르쳤다. 1890년에는 프로이센 아카데미 회원이 되었으며 훗날 막스 플랑크 연구소의 전신이 되는 카이저 빌헬름 협회의 초대 협회장을 맡았다(이 때문에 오늘날 막스 플랑크 연구소가 수여하는 최고상은 '아돌프 폰 하르낙 메달'이라고 불린다). 근대 가장 위대한 교회사가로 꼽히며 신학적 자유주의의 대표주자로도 꼽힌다. 저작으로 『유일신론, 그 사

하르낙은 『그리스도교의 본질』Das Wesen Des Christentums이라는 책으로 널리 알려졌다. 이 책은 1899~1900년 겨울 학기에 베를린대학교에서 진행된 강의를 토대로 만들어졌다. 기록에 따르면 이 강의는 신학부 학생만을 대상으로 한 것이 아니라 대학교 전체 학생에게 개방되었다. 일종의 필수 교양 강의였던 셈이다. 당시 베를린대학교에서는 매년 이러한 형태의 강의가 여러 개 개설되었고 학생들이 자신이 소속된 학부의 울타리를 넘어서 이를 자유롭게 들을 수 있었던 것 같다. 그중에서도 하르낙의 강의는 수강생들로 넘쳐 났는데 당시 학생들이 이 강의를 충분히 이해했는지, 하르낙의 주장에 깊게 매혹되었는지는 의문이다. 학생들이 하르낙의 강의에 열광했다는 이야기는 토마스 휘브너Thomas Hübner가 말했듯 훗날에 만들어진 '하르낙 신화'일지도 모른다. 하지만 이 강의의 노트는 하르낙의 허락을 받아 출간되자마자 수많은 독자를 불러 모았고 수많은 언어로 번역되어 신학 분야 서적으로서는 이례적인 판매량을 기록했다.

하르낙의 역사 인식에 관해서는 다른 곳에서도 여러 번 언급할 것이므로 길게 서술하지 않겠다. 다만 여기서는 하르낙이 제시한 유명한 명제인 '그리스도교의 헬라화Hellenization'를 설명하려 한다. 사실 하르낙은 '그리스도교의 헬라화'라는 명제를 수많은 문제와 관련하여, 다양한 문맥에서 사용했기 때문에 간략하게 설명하기는

상과 역사』Das Mönchtum, seine Ideale und Geschichte, 『그리스도교의 본질』Das Wesen des Christentums, 『마르키온』Marcion, 오늘날까지 가장 탁월한 교리사로 평가받는 『교리의 역사』Dogmengeschichte 등이 있다. 한국에는 『기독교의 본질』(한들)이 소개된 바 있다.

어렵다. 하지만 다음을 생각해 보면 이 명제에 담긴 그의 생각을 좀 더 쉽게 이해할 수 있을 것이다.

예수의 가르침은 유대교 전통 안에서 히브리어Hebrew라는 말을 사용하여 표현하고 발전한 종교적 내용 위에 성립된 것이다. 그러나 예수는 히브리어를 쓰지 않았고 대신 아람어Aramaic라는, 오늘날에는 쓰지 않는 말을 하며 사람들에게 다가가 자신의 가르침을 전했다. 그리고 제자들, 혹은 탄생한 지 얼마 되지 않은 제자 집단은 고전 그리스어Classical Greek와는 다른, 이른바 코이네 그리스어Koine Greek를 사용해 복음서라는 문학 양식으로 기록함으로써 사람들에게 예수의 가르침을 설파했다. 그리스도교가 로마제국의 종교가 됨으로써 예수의 가르침은 팔레스타인 지역을 벗어나 지중해 세계로 뻗어 나갔다. 그 와중에 히브리어로 '야훼'יהוה라고 읽었던(그렇게 읽지 않았을 가능성도 있지만) 하느님(신)의 이름은 그리스어 '테오스'θεός로 번역되었다. 하르낙은 바로 여기에, 하나의 문화권에서 탄생한 종교가 다른 문화권으로 옮겨가는 과정에서 발생하는 변화와 전환에 주목했다. '야훼'가 '테오스'로 번역되는 것은 얼핏 보기에 당연한 일 같아 보이지만, 이 일은 결코 작은 변화가 아닌 거대한 파도를 만들어냈다. '테오스'는 애초에 '야훼'라는 말을 번역하기 위해서 새롭게 만든 말이 아니라, 원래부터 헬라 문화권에서 '신'(하느님)을 가리키는 말로서 이미 쓰이고 있었다. 엄밀하게 말하면 '야훼'가 단순히 '테오스'로 번역된 것이 아니라 '야훼'가 '테오스'라는 문화로 들어간 것이다. 그 결과 '테오스'로 번역된 '야훼'를 듣는 사람은 '테오스'가 원래 갖고 있던 의미와 '야훼'라는 또 다른 신의 의미 모두가 결합된(혹은 혼합된), 전혀 새로운 하느님을 만나게 되었다.

하르낙은 이 결합, 혹은 혼합에 주목했으며 예수가 전한 복음이 헬레니즘 문화권에 전해지면서 발생한 문제를 지적했다. 이어서 그는 이러한 문화의 틀, 즉 패러다임의 접붙이기가 이후에도 그리스도교 역사에서 계속해서 일어났다고 말했다. 그가 제시한 대안은 복음을 헬라화로 대표되는 울타리에서 다시 끄집어내는 것이었다. 하지만 이 대안은 이론으로는 가능하나 현실적으로는 쉽지 않은 일이다. 회식 자리에서 요리가 나오기 전에 마시는 칵테일을 떠올려 보자. 칵테일 중에는 키르 로얄 칵테일이 있는데 이 칵테일은 크림 드 카시스가 담긴 글라스에 화이트 와인을 부은 것을 말한다. 이렇게 키르 로얄 칵테일이 만들어지면 더는 크림 드 카시스와 화이트 와인으로 나누어 마실 수 없다. 이렇듯 헬라화된 '그리스도교'를 복음과 헬라 문화로 분리하기란 사실상 불가능하다.

다시 돌아가, 헬레니즘이라는 문화가 예수의 복음을 받아들였다. 이를 통해 그리스도교는 헬라어와 헬라 철학이라는 사상의 구조에 편입되었고 로마제국이라는 정치 무대 위에서 새롭게 축조되었다. 여기서 비로소 그리스도교는 '신학'과 만난다. '신학'이라는 말 역시 그리스도교에서 만든 말이 아니라 지중해 지역에서 이미 다른 의미로 쓰이고 있었다. 히포의 아우구스티누스Augustinus Hipponensis는 명저 『신국론』De Civitate Dei 제 6권 5장에서 '신학'이 원래 가지고 있던 의미들을 설명한다.[5] 그에 따르면, 시인들이 그린 신은 신화적이고 철학자들이 말한 신이라는 개념은 자연적 혹은 물리학적이며 폴리스에서 언급하는 신은 정치적이다. '신화적 신학'은 극장이나 제의 무대에서, '물리학적 신학'은 철학자의 학교에서, '정치적 신학'은 국가에서 쓰였다.

앞서 말했듯 예수는 신학 저작을 남기지 않았고 현세를 긍정적으로 조정하거나 제도로서 종교 단체를 규정하는 가르침도 전하지 않았다. 그렇기에 예수의 제자들, 특히 이후 예수의 영향을 받은 이들은 예수의 가르침과 각 시대의 문화권에서 발전한 다양한 학문이나 상식을 어떻게든 연결해야만 했다. 초기 그리스도교인들의 경우에는 예수의 가르침을 헬라 사상과 헬라어를 사용해 어떻게든 헬라 문명이라는 세계에 번역해야만 했다. 그들은 이를 위해 이미 사용되고 있던 '신학'이라는 말을 선택했다. 따라서 최초의 그리스도교 신학은 태어난 지 얼마 안 된 종교 공동체 내부에서는 자신들이 믿고 있던 내용을 동시대 문화 환경에 설명하는 역할을 맡았고 외부를 향해서는 예수가 전한 가르침을 사상적, 문화적으로 번역하는 역할을 맡았다.

---

[5] 히포의 아우구스티누스(354~430)는 주교이자 신학자로 사도 바울로와 더불어 서방 교회에 가장 커다란 영향력을 미친 교부로 꼽히며 서방 그리스도교 신학은 물론 철학사에도 커다란 영향을 미쳤다. 저작으로 『고백록』 Confessiones, 『삼위일체론』De Trinitate, 『신국론』De civitate Dei 등이 있다. 한국에도 『고백록』(경세원), 『삼위일체론』(분도출판사), 『신국론』(분도출판사) 등 주요 저작이 대부분 번역되어 있다.

두 개의 신학관神學觀

이러한 과정을 거쳐 탄생한 신학을 어떻게 생각할지에 대해서는, 하르낙이 제시했듯 두 가지 견해가 가능하다. 첫 번째는 신학이 예수의 가르침에 기원을 두고 있다는 관점이다. 이 관점에 따르면 예수의 가르침, 혹은 복음이라는 핵심 알맹이를 둘러싼 다양한 문화적, 시대적 껍질을 없애면 시대를 초월해 영원히 변치 않는 복음의 핵심, 그리스도교의 본질을 발견할 수 있다. 일종의 본질주의本質主義로 개념화되는 셈이다. 이 입장에서는 어느 시대에 있든지 간에 역사를 뛰어넘어 예수의 복음 그 자체에 돌아갈 수 있으며 신학의 과제란 이를 추구하는 것이라고 생각한다. 앞서 언급한 예를 활용하자면 키르 로얄 칵테일을 다시금 크림 드 카시스와 화이트 와인으로 분리하는 것이다. 이러한 관점을 적극적으로 밀어붙이면 예수와의 '동시대성'을 말한 키에르케고어Søren Kierkegaard나 칼 바르트의 생각으로 이어진다. 한편 이러한 생각은 바울로 이래 모든 그리스도교 교회의 역사를 비판하고 부정하기 위한 수단이 될 수도 있다. 이러한 관점에서 예수 이후의 그리스도교는 모두 예수의 가르침에서 일탈하여 멀어져 간 역사로 간주되기 쉽다. 이 입장에 서 있는 이들은 그리스도교 신앙의 가장 올바른 길이란 그리스도교가 '교회화' 혹은 '바울로화' 되기 전 예수의 가르침 그 자체에 충실한 것이라고 곧잘 말하곤 한다. 이때 기준이 되는 것은 비판을 하는 '나'가 생각하는 예수의 가르침이다. 결국 비판을 행하는 '나'가 올바른 것이 되는 것이다. 훗날 제도로서의 그리스도교를 비판한 이들, 종교 비판을 했던 다양한 이들이 이러한 입장을 취했다. "근본적으로는 오직 한 사람의 그리스도교인이 존재했고, 그는 십자가에서 죽었다"고 말한 니체는 그 대표적인 예다.[6] 그는 유럽 사상이 그리스도교화되기 전의 진짜 철학으로 거슬러 올라가고자 했는데 헬라 철학과 그리스도교가 결합되어 완성된 유럽 문명을 위선적인 체계로 보았기 때문이다. 그는 그리스도교 이후 전개된 철학도 본래 철학의 모습을 배반한 것으로 간주했다.

하이데거Martin Heidegger도 이와 유사한 주장을 펼쳤다. 그에 따르면 플라톤Platon은 본래의 철학을 파괴하여 이데아론 따위를 생각해 낸 인물이다. 그는 플라톤부터 니체에 이르는 철학이 '탈신학화'脫神學化가 철저하게 이루어지지 않은, 그리스도교와 결부되어 버린 어리석은 철학이라고 생각했다. 마르부르크대학교에서 실시한 '현상학과 신학'이라는 강연에서 그는 현대 신학도 앞선 이들과 똑같이 진정한 철학과는 반대 방향으로 나아간 어리석은 시도들이라 말했다. 칼 뢰비트Karl Löwith나 모리스 메를로퐁티Maurice Merleau-Ponty도 이와 유사한 주장을 펼쳤으며 칼 바르트가 자신의 신학을 통해 말하고자 했던 것도 결과적으로는 이들과 같다.

하지만 이러한 관점이 정말 올바른 관점일까? 신학은 분명 '예수의 가르침'이라는 핵심을 갖고 있되 이를 각 시대나 지역의 언어, 문화라는 범주 안에서 표현한 시도들로 보는 것이 좀 더 적절하지 않을까? 키르 로얄 칵테일을 예로 들었듯 저 핵심은 문화와 한 번 결합되면 더는 구별하기 어려울 정도로 뒤섞이기 마련이다.

---

[6] Friedrich Nietzsche, *Der Antichrist* in *Werke. Kritische Gesamtausgabe* VI (Berlin: Walter de Gruyter, 1967~), p. 209. 『안티크리스트』(책세상)

또 다른 시대, 또 다른 문화를 배경으로 한 지역으로 그리스도교가 확대해 가는 경우도 마찬가지다. 범위를 확장해 가면서 테두리는 변화하지만 그렇게 확장된 그리스도교에서 핵심과 주변은 나눌 수 없을 정도로 얽혀 있다. 그리고 그렇게 역사는 계속해서 나아갔다. 그렇기에 오늘날 그리스도교, 그리고 신학의 모습은 예수의 가르침과 단순하게 곧장 연결될 수는 없다. 그 사이에 놓여 있는 2천년의 역사를 지워 없앨 수 없기 때문이다. 우리가 오늘날 접하는 신학은 이 역사 가운데서, 몇 번이나 그 울타리를 확장하고 바꿔가면서 실행한 결과 완성된 신학이다. 따라서 우리는 오늘날 우리가 접한 신학이 무엇인지, 어떠한 과정을 거쳐 오늘날에 이르렀는지까지를 함께 고민해 봐야 한다.

다시 돌아가, 지중해라는 범위 안에서 완성된 새로운 신학은 이후 다양한 발전을 이루어 나갔다. 그 과정에서 이른바 교부敎父, 혹은 변증가辯證家로 불리는 사람들이 '신학자'로 탄생했다. 교부들이 남긴 기록들은 크게 라틴어 저작과 헬라어 저작으로 나뉘기 때문에 언어에 따라 각각 라틴 교부와 헬라 교부로 구분하여 부른다. 그들은 모두 예수의 가르침을 자신들이 속한 문화 안으로 받아들이기 위해 학문적, 정치적 노력을 기울였다. 고대 시기의 가장 위대한 신학적 성과는 아우구스티누스의 저작들에서 발견된다. 그의 사상은 중세 이후에도 지속적인 영향력을 발휘했다. 이는 언젠가 에른스트 트뢸치가 말했듯 "고대에서 그리스도교적 문화의 종합"을 이룩한 최대의 유산이라고 말할 수 있을 것이다.

제3장

그리스도교적 유럽의 성립과 신학

중세라는 무대 설정

고대 그리스도교의 중심 무대가 지중해 세계라면 이른바 '중세'
라 불리는 시대의 중심 무대는 서유럽이다. 그렇다면 어떻게, 그
리고 왜 그리스도교는 알프스산맥을 넘어 오늘날 유럽으로 불리는
지역으로 이동한 것일까? 선교 활동을 통해 유럽의 이교도들을 그
리스도교로 개종시켰기 때문이라고도 말할 수 있겠지만, 이러한
설명은 지나치게 단순하다.

우선 짚고 넘어가야 할 부분은, 오늘날 우리가 유럽이라 부르는
지역은 원래 그리스도교인들이 사는 곳이 아니었다는 점이다. 유
럽은 그리스도교화되었다. 물론 그리스도교의 중심 무대가 지중해
연안이었던 고대에도 당시 기준으로 세계의 주변부였던 유럽을 향
해 그리스도교는 선교를 진행하고 있었지만, 이때만 해도 그 비중

은 그리 크지 않았다. 유럽의 그리스도교화가 완성된 시기가 언제였는지에 관해서는 여러 논의가 있지만 9세기부터 11세기 무렵으로 볼 경우, 유럽이 그리스도교화된 지는 1,000년 정도밖에는 되지 않았다.

유럽이 그리스도교화된 것은 동시에 그리스도교가 유럽화했음을 의미한다. 그 대표적인 예는 크리스마스다. 그리스도교에서 크리스마스를 12월 25일로 정한 것은 먼 훗날의 일이지만, 오늘날과 같은 방식으로 크리스마스를 기념하게 된 것은 그리스도교가 유럽으로 이동한 것과 깊은 상관관계를 맺고 있다. 12월 25일은 태양 신앙을 갖고 있던 사회에서 중요하게 여기던 날이다. 당시 유럽 지역에 살던 사람들은 1년 중 밤이 가장 긴 이 날 태양이 태어났다고 생각했다. 시간이 지날수록 태양은 성장해 가는데, 이에 따라 땅은 곡식을 풍부하게 생산하게 되며 가을을 거쳐 겨울이 오면 태양은 다시 그 힘을 잃고 땅 역시 생산을 멈추게 된다. 농경 사회에 속한 사람들은 이 주기를 따라 살아가고 있었으며 크리스마스는 이러한 태양 신앙을 바탕으로 완성되었다. 이 크리스마스가 교회 절기에 들어간 것은 그리스도교가 유럽화했음을 잘 보여준다.

또 하나 예를 들면 크리스마스가 다가오면 전나무에 이런저런 장식을 하곤 하는데, 이는 게르만 민족의 관습이다. 크리스마스트리는 여기서 유래했고 일본과 같은 비그리스도교 국가에서도 오늘날에는 크리스마스가 되면 곳곳에 트리를 세워 두곤 한다. 본래 크리스마스트리에 쓰이는 나무는 전나무인데 여름이 무더운 일본에서는 전나무가 우람하게 자라지 않기 때문에 전나무와 모양이 유

사한 삼나무를 대신 사용하는 경우가 많다. 소나무과에 속한 상록
침엽수인 전나무는 지구 북반구에서도 위도가 높은 지역에만 주로
생식한다. 그러니 예수가 태어난 곳으로 알려진 베들레헴에서 이
나무는 자랄 가능성이 별로 없다. 전나무 역시 본래는 게르만 민족
의 태양 신앙과 관련이 있는 나무였다.

　이러한 관습은 유럽이 그리스도교화된 이후에도 뿌리 깊게 남
았다. 어떤 이들은 이를 '유럽의 고층古層'이라 부르기도 한다. 이
러한 전통이나 종교는 모두 유럽 지역에 있는 울창한 숲의 신화와
결합하여 있다. 오늘날에도 울창하고 깊은 숲은, 그리스도교화되
지 않은 유럽의 모습이 보존된 장소라 말할 수 있을지도 모른다.
그리스도교는 숲의 신화, 관습을 정복해 이를 깊은 숲으로 추방
했지만, 그리스도교의 힘이 약해지거나 사람들이 교회를 더는 찾
지 않게 될 때 숲의 신화나 관습은 다시금 자신의 모습을 드러내
곤 했다. 어떤 이들은 이 고층의 전통, 종교를 추구하며 유럽 숲의
유산을 이어받으려고 했다. 그림Grimm 형제는 그 대표적인 인물들
이다.[1] 그들은 그리스도교화되기 전 '유럽의 고층'에서 리얼리티를
찾아내려 했다.

---

[1]　그림 형제(야코프 그림Jacob Grimm(1785~1863)과 동생 빌헬름 그림Wilhelm
　Grimm(1786~1859))는 독일의 문헌학자이자 언어학자로 대중에게는 동화 작
　가로 널리 알려져 있다. 마르부르크대학교에서 중세 독일 문학을 공부했
　으며 민속학에 관심을 갖게 되어 이후 독일 지방의 민간 설화, 동화, 신화
　를 수집하고 기록하는 데 매진했다. 많은 사람이 알고 있는 「백설 공주」,
　「잠자는 숲 속의 미녀」, 「라푼젤」, 「신데렐라」, 「헨젤과 그레텔」, 「늑대와 일
　곱 마리 아기 염소」와 같은 작품들은 모두 그림 형제가 독일어 형성, 발달,
　변천 과정 및 독일어 방언 조사 연구를 위해 수집한 각지의 전설, 민담들
　을 바탕으로 만든 이야기다.

다시 첫 번째 질문을 생각해보자. 서유럽은 어떻게, 왜 그리스
도교화된 것일까? 좀 더 구체적으로 말하면 왜 로마를 중심으로,
로마제국과 함께 발전한 그리스도교는 지중해 지역을 버리고 북
상하였던 것일까? 로마제국의 붕괴, 분열도 여기에 한몫했겠지만
좀 더 근본적인 이유는 경제사학자인 앙리 피렌Henri Pirenne이 이야
기한 것처럼 지중해 지역에 이슬람교가 들어와 그리스도교가 쥐고
있던 패권을 빼앗았기 때문이다.[2] 이슬람교의 강대한 군사력과 경
제력 앞에 그리스도교는 중심 지역을 로마로 유지하면서도 새로이
활동할 무대를 찾을 수밖에 없었고 그 결과 선택된 곳이 북쪽이었
다. 물론 북아프리카를 선택해 바다 너머에 있는 사막으로 자신들
의 세력을 확장할 가능성도 있었지만, 그보다는 수도사들이 이주
하고 있고 로마제국의 식민지가 곳곳에 남아 있던 유럽을 선택하
는 편이 좀 더 수월했을 것이다. 여기서 중세라는 시대가 열렸다.
피렌의 가설에 근거한 시대 구분은 문화사학자 크리스토퍼 도슨

---

[2] 앙리 피렌(1862~1935)은 벨기에 역사학자다. 리에주대학교에서 역사를 공
부하며 중세 디낭을 주제로 하는 논문을 써서 박사 학위를 받았다. 학위
를 취득한 다음 독일로 건너가 라이프치히와 베를린에서 공부했으며 프랑
스 국립고문서학교와 파리고등연구원에서 수학하기도 했다. 1886년 겐트
대학교의 역사학 교수로 임명되어 중세사와 벨기에 역사를 담당했으며,
1930년 정년퇴직을 할 때까지 그곳에서 역사를 가르쳤다. 중세 유럽의 형
성, 중세 도시 연구, 벨기에 역사를 다룬 빼어난 저작을 남겼으며 특히 중
세 형성에 이슬람의 발흥이 미친 영향을 강조하는 그의 학설을 '피렌 테제'
라 부른다. 또한 역사 연구에서 사회, 집단, 구조 등을 중시함으로써 아날
학파의 선구자로 평가받기도 한다. 주요 저작으로 7권으로 된 『벨기에 역
사』Histoire de Belgique, 『무함마드와 샤를마뉴』Mahomet et Charlemagne, 『중세 도시
들』Medieval Cities: Their Origins and the Revival of Trade 등이 있다. 한국에는 이 중 두
저작이 『마호메트와 샤를마뉴』(삼천리), 『중세 유럽의 도시』(신서원)라는 제
목으로 소개된 바 있다.

Christopher Henry Dawson의 시대 설정과도 겹친다.[3]

여기서 잠깐 '중세'라는 명칭에 대해 생각해 보자. 참으로 이상한 호칭이다. 일반적으로 인간은 역사를 낡은 것과 새로운 것으로 구분해서 생각하기 마련이다. 낡은 시대가 끝나고 새로운 시대가 열렸다고 생각하는 사람, 그러한 경험을 하는 사람을 상상하기란 그리 어렵지 않다. 그렇지만 자신이 새롭지도, 그렇다고 낡지도 않은 시대의 한 가운데에 살고 있다고 생각하는 사람은 없을 것이다. 그러니 '중세'라는 시대 구분은 당대 사람들이 아니라 후대 사람들이 규정한 말, 특히 그리스도교화된 유럽을 일종의 이물異物로 구분 지은 말이다. 즉 자신들의 시대를 다른 시대와 구분하려 한 이들이, 새롭게 탄생한 근대를 과거로부터 떼어낸 뒤 그 부채를 청산하고 새롭게 출발하기 위해 고안해낸 말이 '중세'이다. 어떻게 보면 무거운 짐을 과거에 가두어 놓기 위해서 만든, 지극히 계몽주의적인 생각을 바탕으로 한 시대 구분인 셈이다. 하지만 그러한 만큼 중세는 이전, 이후 시대와 명확하게 구분되는 시대이기도 하다. 그리스도교와 무관하던 유럽이 그리스도교화되고 이곳에서 이루어

---

[3] 크리스토퍼 도슨(1889~1970)은 영국의 역사가다. 윈체스터 칼리지와 옥스퍼드의 트리니티 칼리지에서 공부했고, 대학원에서 역사학과 사회학을 전공했다. 엑서터대학교에서 문화사를 강의했으며 1958~62년에는 하버드대학교 신학대학원 석좌교수를 지냈다. 영향력 있는 중세문화사가로 인정받았으며, 20세기 영미권의 대표적인 가톨릭 사학자로 평가받는다. 중세가 '암흑시대'라는 기존의 주장에 반대했고 그리스도교가 유럽 문명 형성 과정에 핵심적인 역할을 수행했다는 입장을 취했다. 주요 저작으로 『유럽의 형성』The Making of Europe, 『신들의 시대』The Age of Gods, 『그리스도교와 새로운 시대』Christianity and the New Age, 『종교와 문화에 대한 연구』Enquiries into Religion and Culture 등이 있다. 한국에는 『유럽의 형성』(한길사), 『세계사의 원동력』(현대지성사)이 소개된 바 있다.

진 장대한 신학적 실험이 임종을 맞이한 시기까지가 중세에 해당한다. 4장 이후에 다룰 내용이지만, 이러한 중세가 언제 끝났느냐는 문제는 그 자체로 커다란 신학 주제가 아닐 수 없다.

유럽의 그리스도교화

그러면 그리스도교는 어떻게 서유럽을 그리스도교화했을까? 이것도 쉽게 설명할 수 있는 문제는 아니다. 하지만 중요한 점을 두 가지 정도는 언급할 수 있겠다. 하나는 '시간의 지배'다. 그리스도교화되기 전 유럽에서 중요했던 것은 인간과 자연과의 관계였다. 이는 끊으려야 끊을 수 없는 것이었다. 자연의 품에서 풍부한 생산을 약속하는 태양을 신으로 섬기는 태양 신앙도 여기서 탄생했다. 태양뿐만 아니라 당시 유럽인들은 깊은 삼림을 지배하는 신들, 그리고 정령을 믿었고 이들에게 외경심을 품고 있었다. 그리스도교는 이러한 자연과 인간의 관계에 칼날을 들이댔으며 유럽인들에게 시간과 더불어 사는 법을 가르쳤다. 그 결과 그리스도교화된 유럽인은 '때'를 새기는 것, '때'를 재는 일에 노력을 기울이게 되었다. 유럽의 교회나 수도원에 있는 종을 생각해 보라. 종소리가 들리는 범위까지가 하나의 도시나 마을이 된다. 이러한 방식으로 교회나 수도원은 시간이나 요일, 그리고 절기를 관리하기 시작했다. 시간이나 달력은 성스러움을 입게 되었다. 하루하루가 특정 성인 聖人의 날이 된 것은 이를 잘 보여준다. 그리스도교화된 중세 유럽인들은 매일 아침 교회의 종소리를 들으며 일어나 하루의 노동을 시작했다. 노동은 자연의 동향에 따라 좌지우지되는 것이 아닌, 달력에 의해 새롭게 정해지는 것이 되었다.

그 결과 자연은 더는 두려워해야 할 대상이 아니게 되었다. 인간은 생활과 노동을 위해 자연을 대상화했으며 자연을 극복하는 것을 추구했다. 신들이 머무는 장소로서 두려움을 품고 대했던 숲을 과감하게 개간했고 밭이나 목장으로 바꾸었다. 사람들은 태양도 자연도 아닌, 자연의 창조자이며 이 세상을 초월한 존재인 하느님을 신앙하도록 교육받았다. 자연은 피조물이 되었다. 풍요롭게 살기 위해서는 저 너머에 있는 하느님의 뜻을 파악해야 했고 이에 따라 자연이 아닌 초월자로서의 하느님에게 기도하는 것이 중요한 활동으로 떠올랐다. 교회는 사람들에게 시간마다 기도를 하라고 요구했다. 이러한 방식으로 초월자에게 다가가는 길은 자연이나 개인의 생각이나 판단이 아닌, 교회로 일원화되었다. 교회가 이 모든 것을 관리하기 시작했다.

또 한 가지 교회가 유럽을 그리스도교화하기 위해 행한 일은 '죽음의 지배'다. 이는 '천국의 지배'라고도 할 수 있다. 이 시기 교회는 당시까지 도시 외곽에 있던 묘지를 도시 한가운데, 혹은 교회 정원으로 이동시켰다. 이는 교회가 인간의 삶과 죽음을 관장하기 시작했음을 상징한다. 철학자 쇠얀 키에르케고어의 이름 '키에르케고어'는 '교회의 정원', 즉 묘지라는 뜻을 갖고 있다. 이러한 맥락에서 상당히 유서 깊은 이름인 셈이다. 그 이전까지 유럽인들은 죽은 이들이 이 세상과 저 세상을 자유롭게 오간다고 여겼다. 하지만 교회는 이를 미신으로 간주하고 천국과 이 세상을 연결하는 통로는 오직 자신만이 관리할 수 있게 했다. 양쪽을 오가는 통행을 어렵게 만든 것이다. 그때까지 유럽에 존재하던 고층古層의 종교성을 그리스도교는 이렇게 통제했다.

그리스도교가 유럽을 지배한 후 유럽인에게 가장 중요한 것은 교회의 가르침을 지켜서 교회가 발행하는 천국행 통행 증명서를 손에 쥐고 죽은 뒤 천국에 가는 것이 되었다. 현대인과는 달리 당시 유럽인에게 죽음과 사후 세계는 매우 중요한 문제였다. 평균 수명이 50세를 넘지 않았으며 아이가 어른이 될 때까지 살아남을 수 있는 확률도 낮았고 병이 들면 치유될 가능성도 거의 없었다. 당시 사람들에게는 죽음과 사후 세계가 매우 중요한 고민거리였으며 가장 실제적인 문제였다. 아무리 권력을 많이 가졌다 해도 아무리 재산을 많이 축적했다 하더라도 인간은 모두 죽기 마련이고, 그 죽음 앞에서 이 세상 모든 것은 아무런 힘이 없고 도움이 안 된다. 교회는 죽음 이후 천국에 갈 수 있는 통행 허가서를 독점함으로써 죽음을 지배하게 되었다. 통행 허가서를 발행하며 교회는 몇 가지 조건을 제시했다. 비유를 들자면 쇼핑센터에서 제공하는 포인트 카드를 제공한 셈이다. 천국에 가기 위한 통행증을 얻기 위해서는 포인트 카드에 일정한 점수를 확보해 두어야 한다고 교회는 가르쳤다. 선행을 쌓으면 점수가 적립되고 악행을 하거나 죄를 범하면 점수가 감소한다. 교회는 어떠한 식으로든 점수의 보충이 교회 밖에서 이루어질 수는 없다고 선언했다. 천국에 가는 통행증을 일원화한 것이다. 이렇게 되면 교회는 사실상 절대적인 권력을 갖게 된다. 모든 인간은 반드시 죽고, 교회 외의 어떤 곳에서도 점수를 적립하는 것은 불가능하기 때문이다.

그렇다면 한 가지 질문이 발생한다. 점수를 계속 주거나 통행 허가서 발행을 이어가면 어떻게 될까? 점수나 통행 허가서가 소진된다면 교회는 어디서 이를 공급받을 수 있는가? 답은 남들보다 많은 점수를 남기고 천국에 간 빼어난 신앙인들이다. 그들은 올바르게 살았으므로 보통 사람들보다 많은 점수를 적립해 통행 허가서를 받은 뒤에도 많은 점수를 남겼다. 교회는 그들이 남긴 이 점수를 잘 관리해 필요한 사람들에게 나누어 주는 임무를 맡았다. 이른바 속죄론贖罪論이라고 불리는 교리를 사회에 적용한 것이다. 더 나아가 교회는 천국에 가는 단계를 여럿으로 나누었으며 예수 이전에 태어난 사람들의 천국행 도정道程까지도 관리했다.

그 결과 천국과 함께 지옥은 대비를 이루는 방식으로 강조되었다. 실제로 성서는 지옥을 그리 많이 다루지 않을 뿐만 아니라 하느님 나라와 대비시키지도 않는다. 서유럽을 지배하면서 그리스도교는 회화나 교육 활동을 통해 새로운 천국과 지옥의 이미지를 전파했다. 사람들은 자연스럽게 지옥이 아닌 천국을 앙망했고 어느 쪽으로 갈지를 판단하는 교회에 복종하는 것도 자명한 일로 받아들이게 되었다. 사람들은 교회에서 천국으로 가는 통행 허가서를 받기를 소망했다.

이렇게 시간과 죽음에 대한 지배는 서유럽을 그리스도교화할 때 중요한 요인이 되었다. 이는 제6장에서도 다룰 예정인데 수백 년이 지나 프랑스 혁명이 일어났을 때 혁명정부가 시행한 정책은 유럽을 그리스도교화하기 위해 교회가 행한 일들과 대비를 이룬다. 이를 비교하면 교회가 이 둘을 독점 지배한 것이 당시 사회에 어떠한 의미를 갖는지를 좀 더 잘 이해할 수 있다.

이렇게 완성된 사회는 사회의 모든 구조가 '그리스도교화'되었다는 의미에서 코르푸스 크리스티아눔corpus christianum(하나의 그리스도교 공동체)이라고 불리기도 했다. 이 구조를 지탱한 것은 앞서 이야기한 두 가지, 즉 시간과 죽음의 지배였다. 여기에 하나를 덧붙이면 태어나자마자 세례를 주는 관습을 들 수 있다. 그 전까지 세례는 태어난 지 얼마 안 된 아이에게 주는 것이 아니었다. 오히려 그리스도교 초기 많은 사람은 죽기 직전에 세례를 받는 것이 좋다고 생각했다. 그러나 차츰 교회는 아이가 태어나면 곧바로 세례를 받도록 제도를 만들고 이를 관철하기 시작했다. 그리하여 사람들은 그리스도교적으로 설계된 사회에서 태어나 말 그대로 '요람에서 무덤까지' 살게 되었다. 더 나아가 교회는 천국과 지옥에 가는 것까지도 관리했으니 사람들은 올바른 인생이란 교회가 만들어 준 인생의 프로그램을 충실히 따르는 것이라고 생각하게 되었다.

언뜻 교회는 천국이나 지옥 같은, 이 땅에서의 삶이 끝난 뒤에 일어나는 문제에 관해서만 이야기하는 것처럼 보인다. 하지만 앞서 말했듯 인간은 모두 죽음을 맞이한다. 따라서 교회의 이야기는 모두와 관련된 문제이며 누구도 회피할 수 없는, 반드시 맞닥뜨려야 하는 이야기다. 사람들은 삶을 살아가는 가운데 이 문제와 관계 맺지 않고서는 살 수 없다. 죽음에 관한 이야기를 하면서 교회는 실제로는 현세도 지배하는 절대적인 권력이 되어 갔다. 이 땅에서의 삶을 끝내고 천국에 가기 위해서는, 이 세상에 존재하는 천국

출장소이자 관리자인 교회에 복종해야 하기 때문이다. 이에 따라 교회는 세상 권력, 지배에도 커다란 영향을 미치는 존재가 되었다.

아이러니한 일이지만 그 결과 교회는 차츰 하느님 나라가 이곳에 도래한다는 '종말론'을 이야기하지 않게 되었다. '종말'은 개인의 죽음이라는 차원으로 환원되었다. 교회가 이 세상의 권력을 손에 넣었기 때문이다. 세상을 지배하는 구조를 손에 넣은 교회는 이 '세상'의 마지막 순간, 즉 '종말'로서의 하느님 나라 도래를 말하지 않게 되었다. 교회가 세계를 지배하고 있는 상황에서 세계의 종말은 곧 교회의 종말을 의미하기 때문이다. 이 시기 세상의 종말이나 하느님 나라의 도래를 이야기한 사람은 이단으로 내몰렸다. 실제로 이 세상 종말의 강조는, 교회의 제도나 구조를 비판하는 이들이 주창하는 사상으로 전락해 갔다.

역사를 성부, 성자, 성령이라는 3단계로 나누어 보고 교회라는 제도를 넘어선 하느님의 직접적인 통치가 이루어지리라고 주장한 대표적 인물이 피오레의 요아킴Joachim de Floris이다. 그의 신학 사상도 이단으로 간주되었다.[4] 예수가 가르쳤던 '하느님 나라'를 말하

---

[4] 피오레의 요아킴(1132?~1202)은 중세 이탈리아의 수도자, 신학자다. 신비주의자이자 역사철학자로도 알려져 있다. 팔레스타인 지방의 성지를 순례하다가 재난을 목격하고 수도자가 되기로 결심했으며 1168년에 사제 서품을 받고 성서 연구에 힘을 쏟았다. 칼라브리아 산속에 있는 피오레에 수도원을 세우고 시토회 수도사로 살다가 세상을 떠났다. 1215년의 제4차 라테란공의회에서 단죄받기도 했지만, 예수의 복음 정신을 삶에서 그대로 살아내고자 한 그의 정신은 초대 교회를 본으로 삼아 살려 한 그리스도교인들, 특히 프란치스코회에 영향을 미쳤다. 또한 인류의 역사가 삼위일체의 세 위격에 해당하는 세 단계-성부가 구약성서의 질서를 따라 권능과 위엄으로 다스리는 시대, 지혜가 성자를 통해 계시된(신약성서와 가톨릭 교회가 세상을 관장하는) 시대, 사랑의 질서 안에서 만인이 하나가 되는 성령의

면 이단으로 몰리는 아이러니한 일이 반복되었으며 '하느님 나라'가 이 세계에 가까이 왔다는 가르침은 점차 그리스도교에서 멀어져 갔다. 마침내 그리스도교는 이 세상의 지배 원리가 되었다. 그리스도교화된 중세 서유럽에서 '신학'은 이러한 배경 아래 형성되었다.

중세 신학의 탄생과 '바로 옆의 철학'

이처럼 그리스도교화된 사회의 구조에서, 그리스도교는 세계의 모든 구조를 그리스도교적으로 설명하기 위한 체계, 즉 신학이 필요했다. 중세 신학은 이 시대적 요구의 산물이다. 따라서 이 시기 신학은 오늘날로 치면 정치학임과 동시에 사회학이었으며 철학임과 동시에 도덕이고, 자연을 설명하는 과학이기도 했다. 즉 신학은 모든 현상을 구체적으로 설명해낼 수 있는 이론과 사고방식을 제공했다. 달리 말하면 그리스도교가 천상과 지상을 묶어 그 통행을 독점했기에 이 관계를 설명하거나 보장하는 일, 그리고 이 세계를 천상과 연결된 이론으로 설명하는 일을 교회가 책임지게 되었다. 지상에서 천상에 이르는 길은 그 당시 사람들에게는 커다란 문제였기 때문에 교회는 이에 관해 충분히 납득할 만한 설명을 제시해야 했다. 고심한 결과 교회는 책을 읽을 수 없는 일반 대중에게는 예술 작품이나 축제를 통해 천국에까지 이르는 장대한 사회 체

시대-로 진행된다는 주장을 펼쳤다. 주요 저작으로 『신약성서와 구약성서의 조화에 관한 책』Liber Concordiae Novi ac Veteris Testamenti, 『요한의 묵시록 주석』Expositio in Apocalypsim, 『10개의 줄이 달린 현악기』Psalterium decem chordarum 등이 있다.

계를 설명했다. 물론 여기에는 만족하지 못하는 지식인들도 있었기에 교회는 이들이 던지는 질문이나 비판에도 응답해야 했다. '학문'으로서의 중세 신학은 이러한 과정에서 탄생했다. 또한 교회는 이러한 사회 체계를 부정하고 교회 밖으로 나가려 하는 사람들도 단속해야 했다. 결국 이 시기 교회는 예배, 신학, 종교적인 법정 모두를 정비할 수밖에 없었으며 그 결과 신학은 이러한 사회체계 전체를 설명하는 방식으로 재구축되어 새롭게 등장했다.

이 시대에 사회체계를 설명하는 이론이 그리스도교 신학만 있었던 것은 아니다. 교회가 내놓은 설명에 대해 하나하나 따지며 물고 늘어지는 이들이 있었으며, 이들이 근거로 삼은 것은 그리스에 기원을 두고 그리스도교와 함께 유럽으로 건너온 철학이었다. 그중에서도 특별히 중요한 것은 아리스토텔레스Aristoteles의 철학이었다. 잘 알려진 대로 아리스토텔레스의 사상은 이슬람 세계에 남아 있다가 아라비아에서 유럽 세계로 흘러들어 왔다. 원문뿐만 아니라 주해註解도 함께 번역되어 왔는데 이는 이후 서유럽 신학에 커다란 영향을 미친다. 철학이 옆에 있게 되자 신학은 제멋대로 말할 수 없게 되었다. 한편으로는 엄격하게 따지는 철학의 등장 덕분에 여기서 제기된 질문에 응답하면 그것으로 신학은 학문적 책임을 다할 수 있게 되었다. 이러한 맥락에서 이 시기에 발전한 신학은 독자적으로 세계의 구조에 대한 체계를 만들어내면서 논의를 전개한 것이기보다는 그때까지 철학이 준비한 물음에 그리스도교 쪽에서 응답하는 형태였다고 해도 과언은 아니다. 중세 시기 신학이 이 세상에서는 별다른 쓰임새가 없을 것 같은 사변적이고 초월적인 논의를 진행한 이유도 여기서 찾을 수 있다. 얀 롤스의 말을 빌리자면 신학 옆에 철학이 있었기 때문이다. 그리고 이와 같은 신학은 오늘날의 시선에서는 쓰임새가 없을 것 같더라도 당시 사회를 평화롭게 유지하기 위해, '신'을 포함해 세계의 구조를 설명하기 위한 나름의 구체적인 응답이었다.

다시 말하지만 중세 신학은 아리스토텔레스의 형이상학에 의존했다. 그리스도교 신학은 독자적인 학문 분야를 발전시켜 나갔다기보다는 아리스토텔레스의 형이상학, 그리스도교의 전통에서는 아우구스티누스의 저작, 또는 교부들의 가르침이나 성서의 가르침에 관한 주석으로 발전했다. 이 시기 신학은 교회가 전개한 '참된 형이상학'과 '참된 자연학'을 모두 아우른다. 철학사에서는 이 시기 철학을 대학교나 수도원에서 가르치고 연구하던 시대라는 점에서 '스콜라 철학'이라고 부른다.

당시 신학은 우선 '참된 형이상학'이라는 의미를 지니고 있었다. 형이상학은 그리스어로 메타피지카metaphysika라고 하는데 '메타'meta, 뒤라는 말과 '피지카'physika, 자연학이라는 말이 결합한 것이다. '피지카'는 오늘날로 치면 물리학에 해당한다. 아리스토텔레스는 타 피지카ta physika라는 자연학 관련 저작을 남기고 그 뒤 제목이 없는 저작을 남겼는데 자연학 '뒤'에 나오는 저작이라는 점에서 사람들은 이를 '타 메타 타 피지카'ta meta ta physika라고 불렀다. 이 저작에서 그는 형이상학을 다룬다. 자연현상에 대해 논한 다음 자연의 배후에 있는 것을 논하는 학문, 존재론이라든지 보편학, 신학이 이 형이상학에 해당한다.

이러한 점을 들어 중세 그리스도교가 잉태한 신학을 단순히 '형이상학의 재탕' 혹은 그리스 철학에 대한 '단순한 주석', '그리스도교적으로 갱신한 그리스 철학'이라 단정할 수는 없다. 형이상학이 자연의 배후 세계를 논하는 것을 자신의 과제로 삼는다면, 신학은 배후 세계뿐 아니라 배후 세계(그리스도교 표현을 쓰면 '천상의 세계')와 현세 사이의 '연결'이나 '관계', '접점'을 논하는 것을 핵심 과제로 삼았기 때문이다. 여기서 중요한 것은 '연결', '접점'이다. 당시 그리스도교는 지상에서 유일한 종교 단체라는 권위를 갖고 있었기 때문에 땅과 하늘의 '연결'을 전제로 해 이 세상에 있는 사회 체계를 설명할 책임을 갖고 있었다. 그러므로 중세 시기 신학은 오늘날로 보면 '형이상학'과 '사회학'을 묶은 학문이었다고 해도 과언은 아니다. 당시 신학자들은 오류투성이의 인간과 사회 현실에 대해 하늘에 있는 신에 비추어, 이에 관한 문제와 한 데 묶어서 논하곤 했다. 그리고 이것은 중세 신학의 특징이 되었다. 천국과 이 세상을 일원적으로 관리했던 기관인 교회에는 양자를 관련지어 논하는, 사람들이 이 세상에서 태어나 천국에 갈 때까지 구체적인 가르침을 제공하는 신학이 필요했고 이를 낳았다.

그러므로 캔터베리의 안셀무스Anselmus Cantuariensis, 토마스 아퀴나스Thomas Aquinas, 둔스 스코투스Johannes Duns Scotus에게 신학은 피안에 존재하는 천상적이고 사변적인, 인간의 현실 생활과는 무관한 논의가 아니었다. 오히려 신학은 인간의 오류가 판치는 현실, 불완전한 세계가 낳는 여러 문제를 얼마나 해결할 수 있을지를 깊이 천착하는 학문이었다.[5,6,7] 토마스 아퀴나스의 『신학대전』을 읽다 보면 갑작스럽게 지극히 현실적이고 구체적인 문제가 다루어지곤 한다. 이는 당시 신학이 일상에서 일어나는 문제들과 깊숙하게 결합되어

---

[5] 안셀무스(1033~1109)는 이탈리아의 그리스도교 신학자이자 성직자이다. 이 탈리아 북부 아오스타의 부유한 귀족 가문에서 태어나 클뤼니 수도원을 포함한 프랑스의 유명한 학교들을 방문해 교육을 받았고 노르망디 베크에 있는 베네딕도회 수도원에 입회해 학문 연구에 몰두했으며 1093~1109년 캔터베리 대주교를 지냈다. 캔터베리 대주교 시절에는 영국 왕의 교회 직 무 간섭에 대해 반발해 1097년과 1106년 두 차례 망명길에 오르기도 했다. 신앙과 이성이 조화를 이룰 수 있다는 신념 아래 여러 신학, 철학 저작을 남겨 '스콜라 철학, 신학의 아버지'라 불린다. 주요 저작으로 『모놀로기온』 Monologion, 『삼위일체 신앙에 관하여』De fide Trinitatis, 『왜 하느님은 인간이 되 셨는가?』Cur Deus Homo, 『진리에 관하여』De Veritate 등이 있다. 한국에는 『모놀 로기온&프로슬로기온』(아카넷)이 소개된 바 있다.

[6] 토마스 아퀴나스(1225?~1274)는 이탈리아의 그리스도교 신학자이자 철학자 다. 이탈리아 나폴리 근교 로카세카 성에서 지방 영주의 아들로 태어나 나 폴리대학교에서 문법, 논리학, 수사학 등을 배웠다. 1245년 가족의 반대에 도 불구하고 도미니코회 수도사가 되었고 알베르투스의 추천으로 파리대 학교에서 신학을 가르쳤다. 그리스도교와 아리스토텔레스의 철학을 종합 해 스콜라 철학, 신학을 집대성한 중세의 대표적인 그리스도교 신학자로 꼽히며 이후 로마 가톨릭 교회는 그를 천사장 신학자이자 박사로 기리고 있다. 주요 저작으로 『명제집 주석』Scriptum super Libros Sententiarum, 『대이교도대 전』Summa contra gentiles, 미완의 대작인 『신학대전』Summa theologiae 등이 있다. 한 국에는 『신학대전』(바오로딸), 『영혼에 관한 토론문제』(나남출판), 『대이교도 대전』(분도출판사), 『토마스 아퀴나스 사도신경 강해설교』(새물결플러스) 등이 번역되었다.

[7] 둔스 스코투스(1266?~1308)는 영국의 그리스도교 신학자이자 수도사다. 스 코틀랜드에서 태어나 프란치스코회에 입회했고 옥스퍼드대학교에서 자 연과학을 공부했으며 파리 주재 프란치스코회의 신학 교수가 되어 신학을 가르쳤다. 수학적인 엄밀함과 명확하게 증명할 수 있는 것을 추구하는 것 을 학문의 이상이라 생각했으며 이를 반영하는 저술을 남겼다. 훗날 도미 니코회는 토마스 아퀴나스의 주장을 발전시켰고, 프란치스코회는 보나벤 투라와 둔스 스코투스의 주장을 발전시켰는데 이로 인해 두 수도회는 대 립하기도 했다. 또한 유명론자들에게 영향을 미쳐 스콜라 신학과 르네상 스를 연결하는 교두보 역할을 한 신학자, 철학자로 평가받는다. 주요 저작 으로 『제일원리론』Tractatus de Primo Principio이 있다.

있음을 보여준다. 한편 토마스가 신학의 중요한 문제로 천사를 취급한 것도 천사가 천상의 세계와 현실 세계를 묶어주는 존재이기 때문이다. 천사를 제외하면 토마스의 신학이 성립되지 않을 정도로 천사는 그의 신학에서 큰 비중을 차지하는데 여기서 천사는 신학이라는 학문의 추상성을 입증하기보다는 도리어 신학이 인간과 세계의 문제와 깊게 관계 맺으려 했음을 보여준다. 당시 신학에서는 현실의 확실함을 얼마나 보장하느냐가 신학이라는 학문 체계의 견고함과 학문 이론으로서의 엄밀함을 보여주는 관건이 되었다. 그때까지 인간이 던진 물음들, 철학에서 논의된 여러 문제에 대해 신학은 보다 엄밀하게, 더 아름답게 논할 수 있음을 보여줌으로써 하느님이 창조한 세계의 확실함을 보장하려 했다.

신학 논쟁으로서의 보편논쟁

중세 신학의 내용을 조금 더 살펴보자. 중세 신학에 관한 논의 중에서 가장 널리 알려진 것은 이른바 보편논쟁普遍論爭, controversy of universal이다. 이 논쟁에 관해서는 다양한 해설서와 연구서가 나와 있으므로 여기서는 우리의 관심사를 충족할 정도로만 간단히 살펴볼까 한다. 보편논쟁의 핵심은 '보편'과 '개체'의 관계다. 여기서 '개체'를 이해하기란 어렵지 않다.

'나고야에 살게 되어 긴조가쿠인대학교에서 가르치고 있는 후카이가 있고, 이 후카이가 아름다운 벚꽃과 개나리가 보이는 연구실의 책상에 앉아 있다'는 문장이 있다고 치자. 이는 '개체'들로 이루어진 세계에 관한 설명이다. 나고야에 사는 후카이, 긴조가쿠인

대학교에 근무하는 후카이, 연구실에서 보이는 벚꽃과 개나리, 앉아 있는 책상, 각각은 모두 개별적인 것들이다. 하지만 학문적 표현으로 말해 보면 후카이는 '인간'이라는 '종'에 속해 있으며 벚꽃은 '벚나무'라는 '종'에, 개나리는 '개나리과 나무'라는 '종'에, 연구 책상은 '책상'이라는 '종'에 속해 있다. 이러한 '종'을 중세에서는 형상形相, 혹은 보편개념universalia이라고 불렀다.

　그러면 문제는 무엇인가? 후카이라는 개체가 존재하는 것은 의심할 수 없는 것이지만, 후카이가 속해 있는 '종', 즉 '인간'이라는 보편개념은 정말 존재하는가 하는 질문이 나올 수 있다. 후카이가 여기에 있는 것과는 별개로 '인간'이라는 보편개념이 존재하느냐는 것이다. 캔터베리의 안셀무스처럼 실재론實在論, realism을 지지하는 이들은 보편개념이 존재한다고 믿었다. 그들은 누군가 분명하지 않은 개체에 '인간'이라는 형상을 줌으로써, 혹은 '인간'이라는 보편개념이 그 개체에 더해짐으로써 개체로서의 인간, 즉 후카이라는 존재가 비로소 성립한다고 생각했다. 이는 이데아가 개체에 앞서 존재한다는, 신플라톤주의Neo-Platonism의 사고방식이다. 이렇게 생각하면 성서에 기록된 인간의 모습, 인간이 아담에 의해 타락한 뒤 예수 그리스도에 의해 구원받는다고 할 때도 인간이라는 보편개념이 먼저 존재하고 그것이 개별적인 인간을 인간으로 존재하게 하지 않으면 안 된다. 그렇게 생각하지 않으면 그리스도교에서 이야기하는 구원은 우리 한 사람 한 사람과는 무관한 일이 되어버리기 때문이다. 이렇게 되면 아담의 원죄, 그리스도의 수난은 단순히 역사에서 일어난 개별적인 사건에 불과하며 인류 전체의 구원이라는 보편적인 의미를 지닐 수 없게 된다.

그런데 윌리엄 오컴William of Ockham처럼 유명론唯名論, nominalism을 지지하는 사람들은 실재론자들과는 반대로 생각했다.[8] 즉 인간이라는 보편개념은 형상이라든지 '종'으로 실재하지 않으며 아리스토텔레스가 말하듯 구체적인 개체만이 실재한다는 것이다. 인간으로서의 후카이나 수목에 속한 벚나무, 연구실 책상에서 '종'이라는 보편개념은 다만 이를 설명하는 이름일 뿐이며 이 이름은 '말'로만 실재한다고 유명론자들은 이야기했다. 이러한 유명론은 아리스토텔레스의 생각뿐만 아니라 플라톤의 사상까지도 받아들인 일종의 절충안으로 볼 수도 있다. 하지만 논쟁은 계속 이어졌다. 실재론은 교회가 인류의 구원 기관으로 유지되기 위해서는 포기할 수 없는 이론이었기 때문이다. 이 논쟁을 조정한 사람이 바로 토마스 아퀴나스다. 그는 실재론의 입장을 받아들여 '보편'은 신의 지성에 있어서 '사물 앞에' 존재하며 이 세상에서는 '사물 안에' 존재하고 인간의 지성에 있어서는 '사물 뒤에' 존재한다고 말했다.

움베르토 에코Umberto Eco의 소설 『장미의 이름』Il nome della rosa을 보면 교회라는 권위 있는 기관은 천국과 지상을 연결한다. 이러한 시대에 실재론은 눈에 보이지 않는 구원이나 천국이라는 교회의

---

[8] 윌리엄 오컴(1285?~1349)은 영국의 그리스도교 신학자, 철학자이자 수도사다. 프란치스코회에 입회했으며 옥스퍼드대학교에서 신학을 전공한 것으로 알려져 있다. 이른바 유명론을 대표하는 신학자, 철학자로 평가받으며 (오컴의 면도날이라고 불리는) '필요 이상의 개념을 설정해서는 안 된다'라는 말로 대표되는 그의 방법론은 이후 철학, 신학뿐만 아니라 자연과학이나 사회과학에도 영향을 미쳤다. 주요 저작으로 『논리학 대전』Summa logicae이 있다.

가르침에 납득할 수 있는 설명과 확실성을 부여했다. 이처럼 그리스도교는 이 세계의 구조에 대해 당대의 이론가들, 그리스도교 이전부터 이런 문제를 다루던 철학자들에게 그 내용을 설명해야만 했다. 이는 진지한 대결이었으며 인류의 삶을 어떻게 보장하느냐가 걸린 문제였다. 세계의 구조와 천국이 어떤 관계를 맺고 있는지를 설명하는 것은 사람들이 매일 밥을 먹고 일을 하는 것만큼이나 중요했다.

과학으로서의 신학

중세 신학은 요즘 말로 표현하면 '자연과학'이기도 했다. 이미 앞에서 신학은 초월적인 세계의 문제가 아니라 이 세상에서 일어나는 현실 문제와 깊은 관련을 맺고 있는 학문이라고 말한 바 있다. 이는 중세 신학이 천착한 '자연'에 관한 연구를 보면 쉽게 이해할 수 있다. 근대인의 관점에서 보면 신학과 자연과학, 혹은 종교와 과학은 서로 완전히 다른 영역이라고 말할지도 모른다. 전자는 세계를 비합리적으로 취급하고 후자는 세계를 합리적으로 설명한다는 편견을 갖고서 말이다.

하지만 자연과학은 어떻게 보면 그리스도교적인 세계, 성서에 바탕을 둔 세계, 그리스도교가 낳은 특정한 학문적인 정신을 가진 이들에게서 나와 소통되기 시작한 학문이다. 이를테면 일반적으로 일본에 거주하는 사람들은 자연을 사랑하며 자연과 더불어 사는 것을 중요시했다고 말한다. 하지만 그들은 자연을 대상으로 연구를 하지는 않았다. 그렇다면 그리스도교는 왜 자연을 신학의 연구

대상으로 삼고 공부하기 시작했을까? 그리스도교에서 자연은 신이 아니며 신이 창조한 피조물이기 때문이다.

옛날부터 회자되는 "신은 두 권의 책을 썼다"는 말이 있다. 여기서 한 권은 '성서'를, 다른 한 권은 '자연'을 뜻한다. 어쩌면 자연은 '책'보다는 '설계도'라고 말하는 게 좀 더 뜻을 잘 살리는 것일지도 모르지만 말이다. 신학은 성서를 통해 하느님의 의지나 계획을 발견할 수 있듯 자연에서도 하느님의 뜻, 질서를 발견할 수 있다고 생각했다. 그래서 자연법칙을 발견하거나 천체의 운행을 조사하는 것도 신학의 몫이 되었다.

근대에 이르러 사회가 세속화되자, 하느님의 뜻을 파악하기 위해 자연을 연구하는 사람은 없어졌다. 하지만 중세 시기에는 자연을 탐구하고 그 안에 깃든 보편 법칙을 발견하는 것도 신학의 고유한 과제였다. 당시 신학자들은 이렇게 자연을 해명함으로써 하느님의 전능함과 보편성을 더욱 확실히 입증할 수 있다고 여겼다. 아이작 뉴턴Isaac Newton이 쓴 『프린키피아』Principia 마지막 부분에 첨부된 '일반 주해'는 일종의 신학적 서술이다. 이때까지만 해도 신학과 과학은 오늘날처럼 명확하게 구분되지 않았다.

사람들은 보통 중세 시기부터 신학과 과학이 대립했다고 생각하지만 이는 잘못된 생각이다. 중세 시기에 양자는 결코 대립하지 않았다. 당시까지만 해도 과학은 교회에서 독립된 학문이 아니었다. 지동설과 천동설의 대립, 갈릴레이 재판이나 코페르니쿠스의 지동설에 대한 교회의 비판 등은 과학을 탄압하는 중세의 면모를 극적으로 보여주는 사례로 언급되지만 이 또한 계몽주의 시대에 만들어진 하나의 이미지, 혹은 견해에 불과하다. 지동설을 주장하던 갈릴레이가 교회 재판정을 나오면서 "그래도 지구는 돈다"라고 중얼거렸다는 이야기는 매우 널리 알려졌지만 원래 일어난 일과는 거리가 있다. 중세 시기 자연의 운행에 대한 새로운 해석들이 나왔을 때 그것들이 교회에서 기존에 가르치던 이야기와 일치하지 않았던 것은 사실이다. 학자들은 자연 현상을 관찰하면서 여기서 끌어낼 수 있는 결론이 교회의 가르침과는 모순을 일으킴을 발견했다. 신학자들도 이를 잘 알고 있었다. 그러나 이때 신학이 교회의 가르침에 반하는 주장을 펼치는 이들을 규탄하거나 배제한 것만은 아니다. 아리스토텔레스 철학에 의해 초석이 놓인 자연 해석과 모순되는 현상을 어떻게 해서든 설명하기 위해, "현상을 밝히기" 위해 노력하는 것도 당시 신학의 임무였다.

"현상을 밝힌다"는 말은 6세기의 저명한 아리스토텔레스 주석가인 심플리키우스Simplicius에게까지 올라간다. 아리스토텔레스의 우주관은 지구를 중심으로 한 독특한 기하학적 형상을 이루고 있었으며 그가 구상한 회전 운동은 신들이 사는 천상계에 어울리는 성스러운 모델로 그리스도교 세계에 수용되었다. 중세 신학의 우주관은 성서에 기록된 단편적인 우주관을 아리스토텔레스의 우주관으로 보충하고 체계화한 것이다.

하지만 앞서 말했듯 이 시대의 교회가 담당한 중요한 역할 중 하나는 정확하고 성스러운 달력(절기)을 작성하는 일이었다. 교회는 인간의 삶 전체를 주관하고 독점하기 위해 천체의 움직임을 기본으로 한 정확한 달력을 만들기 위해 애를 썼다. 그 결과 아리스토텔레스의 단순한 모델로는 혹성들의 복잡한 움직임을 충분히 설명하지 못하고 체계적인 질서를 만들기는커녕 아름다운 우주의 모습을 정확히 기술하는 데도 한계가 있음을 깨달았다. 이에 신학은 아리스토텔레스의 사상에 기초하면서도 달력을 정확하게 만들기 위해서 주전원周轉圓, epicycle이나 이심원離心圓, eccentric circle과 같은 개념을 활용해 아리스토텔레스가 생각했던 일양원一樣圓 운동에서 벗어나는 부분들에 수정을 가했다. 이처럼 다양한 이론적 수정 끝에 고안해 낸 천문학이 바로 프톨레마이오스Ptolemaios의 수정판이다. 프톨레마이오스가 제시한 우주 체계는 회전 운동에 대한 설명으로는 매우 우수하지만, 교회가 공식적으로 채택한 아리스토텔레스의 철학적 우주론과는 모순되는 점이 많았기에 신학자들은 이 모순을 극복하기 위해 또다시 노력을 기울였다. 그 결과 그들은 프톨레마이오스가 수학적 가설을 바탕으로 제시한 우주 체계는 아리스토텔레스가 주목했던 우주의 '실재'와는 달리 표면상 드러난 '현상'이라는 의견을 내놓았다. 즉 '실재'의 문제는 철학에서 다루고, '현상'의 문제는 천문학에게 그 임무를 할당한 것이다. 신학은 이 지상 세계에 나타난 현상의 구원까지도 말해야 했으므로 현상을 밝힘으로써 '실재와 현상' 사이에서 발견되는 괴리나 모순이 현실에서는 자연스럽게 발생하는 일이라고 설명했다. 이러한 시대적 상황을 배경으로 신학은, 천문학이나 철학이 현실을 규명하는 새로운 설명을 내놓음으로써 기존 관념이나 제도가 파괴되거나, 양자 사이에 모순이 부각되는 것을 완충하는 방식으로 구원의 길을 제시하는 역할을 수행했다.

신학과 정치

중세 신학에서 마지막으로 다룰 부분은 신학과 정치의 관계다. 당시 신학이 얼마나, 그리고 어떻게 중세 시대 정치 체계와 관련을 맺고 있었는지를 살피기 위해 하나의 예를 들어보겠다. 바로 '왕의 두 신체'라는 생각인데 이에 관해서는 에른스트 칸토로비츠 Ernst Hartwig Kantorowicz가 쓴 『왕의 두 신체』The King's Two Bodies라는 매력적인 책이 잘 다루고 있다. 그는 이 책을 1957년 망명지인 미국 프린스턴 고등 연구소에서 출간했다.[9] 칸토로비츠는 유대인으로서 베를린, 뮌헨, 하이델베르크 등에서 경제학과 역사학을 공부했으며 무슬림 수공업자 조합에 관한 논문으로 학위를 취득한 학자이다. 또한 그는 시인 슈테판 게오르게Stefan George를 대표로 하는 크라이스Kreis(동인 집단)의 영향을 강하게 받았다.[10] 이는 독일 활동 시기 그의 정치적 행보를 통해서 확인할 수 있다. 칸토로비츠는 게오르게를 통해 낭만주의의 영향을 받았고 유대인이었으나 당대 수많은 유대인 지식인처럼 내셔널리즘에 경도되어 있었다. 1927년 출

---

[9] 에른스트 칸토로비츠(1895~1963)는 독일 출신의 역사가다. 하이델베르크대학교에서 역사를 공부했으며 나치의 탄압으로 독일을 떠나 옥스퍼드대학교, 버클리대학교를 거쳐 프린스턴 고등 연구소의 연구원을 지냈다. 중세 정치, 지성사, 예술에 관한 저작을 남겼는데 주요 저작으로 『황제 프리드리히 2세』Kaiser Friedrich der Zweite, 『왕의 두 신체』The King's Two Bodies가 있다.

[10] 슈테판 게오르게(1868~1933)는 독일 시인이자 번역가이다. 다름슈타트 고교를 졸업하고, 영국, 프랑스, 이탈리아 등지를 여행했으며 말년을 스위스의 로카르노에서 보냈다. 상징주의의 영향을 받은 시를 썼으며 현대 독일 시의 선구자로 평가받는다. 대표적 시집으로는 『영혼의 1년』Das Jahr der Seele, 『삶의 융단』Der Teppich des Lebens, 『동맹의 별』Der Stern des Bundes, 『새 나라』 Der neue Reich 등이 있다.

간된 그의 주요 저서 『황제 프리드리히 2세』Kaiser Friedrich der Zweite는 많은 사람의 주목을 받았다. 하지만 당시 역사학자들은 이 책을 강하게 비판했고 이 때문에 칸토로비츠는 당시 자유로운 학풍으로 유명했던 프랑크푸르트대학교에 간신히 취직할 수 있었다. 여기서 그는 폴 틸리히와 교류를 하게 되는데 두 사람 모두 1933년 독일을 떠나 영국을 거쳐 미국으로 망명했다. 망명 후에도 칸토로비츠는 틸리히와 가깝게 지냈다.

『왕의 두 신체』의 부제가 '중세 정치신학 연구'라고 되어 있다는 점에서 분명하게 알 수 있듯 칸토로비츠는 신학적인 관점에서 중세에 왕권의 이미지가 어떻게 확립되어 갔는지를 규명했다. '왕의 두 신체'는 왕이라는 존재가 갖는 이중의 특수한 성격을 가리킨다. 즉 왕은 인간이기 때문에 당연히 죽을 수밖에 없는 존재다. 이는 왕이 지닌 '자연적 신체'body natural를 말하고 있다. 하지만 정치 영역에서 왕은 불가사의한 '정치적 신체'body politic을 갖는다고 칸토로비츠는 생각했다. 이는 왕의 권위를 위해 매우 중요한 요소였다. 왕이 권위를 갖고 있음을 말하기 위해서는 결국 왕에게 초월적인 의미를 부여해야 한다. 그렇다면 이런 '왕의 두 신체' 혹은 '국왕 2체설'은 어떠한 과정을 거쳐 나오게 되었을까? 칸토로비츠는 10세기부터 16세기 문헌에 나오는, 왕권에 대한 다양한 비유적 표현을 상세하게 분석했다. 그 결과 그는 10세기 시작된 왕권에 대한 표상들, 왕권을 뒷받침하는 설명이 그리스도론에 근거하고 있음을 밝혀냈다. 이를 두고 누군가는 그리스도론이 지상의 왕권으로 세속화되어 왕권을 뒷받침하는 데 이용되었다고 말하는 이도 있다.

하지만 그러한 견해는 조금은 단순하고 거칠다. 당시에는 세속화가 일어나지 않았을 뿐 아니라 신학은 본래 현실 세계와 밀접한 연관을 맺고 있기 때문이다. 그리스도교 신학에서 중요한 부분을 차지하는 그리스도론에는 예수가 "참 하느님이며 참 인간이다"라는 유명한 명제가 있다. 그리스도론의 핵심이라 할 수 있는 이 명제는 예수가 반신반인이 아니며, 어떤 때는 하느님이지만 어떤 때는 인간인 것도 아니라 하느님이면서 동시에 인간임을 말한다. 이는 '그리스도의 신성과 인성'이라고도 하는데 이 관계는 혼합되어서도 안 되며 분리되어서도 안 된다. 이 명제를 부정하고 예수가 신으로만 존재했다는 생각, 반대로 예수가 그저 인간이었다는 생각, 어떤 때는 신이었지만 십자가에 못 박혔을 때는 신이 아니었다는 생각은 모두 이단으로 간주되었다. '왕의 두 신체'라는 생각은 이러한 그리스도론을 적용한 것이며 이를 수행한 것은 신학에서 분리된 정치학이 아니었다. 과학과 마찬가지로 당시에 신학은 정치학이었으며 정치학은 곧 신학이었다. 왕의 권위에 초월적인 성격을 부여할 수 있었던 것은 초월자와 이 세상을 엮어내고 있던 교회와 신학이었다.

중세 신학의 종언

이렇게 중세 서유럽에서 탄생해 전개된 신학은 어느 순간 최후를 맞이했다. 왜 이런 신학은 종언을 고하게 되었을까? 학문의 차원에서는 신학이 '신의 자유'라는 문제를 취급했던 것이 하나의 계기가 되었다. 점차 신학자들은 신이 인격persona를 가진 자유로운 존재임을 강조하게 되었는데 그 결과 신은 초월자, 더 나아가 절대타자絕對他者가 되어 버렸다. 신이 절대타자가 되기에 이르자 신학이나 형이상학은 더는 자신의 범주 안에서 논의를 진전시키지 못했다. 무엇보다도 그러한 신이 어떻게 보편적일 수 있는지를 설명하지 못하게 되었다.

또 하나, 사회적인 이유로는 '서유럽의 다원화'를 들 수 있다. 중세 서유럽에서도 다양한 신학 논쟁이 일어나긴 했지만 이는 어디까지나 '하나의 그리스도교 세계'를 전제한 상태에서 이루어진 것이었다. 물론 교황의 역사나, 유럽 민족의 정치, 지배 동향을 고려하면 중세 시기에도 '하나의 유럽'이라는 것은 일종의 환상이었음을 알 수 있지만 신학은 '하나의 유럽', '하나의 그리스도교 세계'를 전제하고 교회의 권위를 보장하기 위한 보편 학문으로 발전해 나갔다. 중세 신학은 '모든 것을 포괄하는 학문', 즉 보편학이었다. 하지만 '하나의 그리스도교 세계'라는 관념이 교회에서도 무너지기 시작할 무렵, 빠르게는 수도원 개혁이나 교회 개혁 이야기가 나오기 시작한 14세기, 결정적인 순간을 들자면 서방 그리스도교가 본격적으로 분열되기 시작한 16세기에 이러한 신학은 종언을 고하게 된다. 이때도 신학은 변함없이 하느님을 말한다는 점에서 보편성을 강조하려 했지만 교회가 둘로 나뉨에 따라 사회적인 차원에서 보편성보다는 각 종파의 올바름과 정통성을 증명하기 위한 학문으로 그 성격이 바뀌었기 때문이다.

제4장

종교개혁과 중세의 몰락

중세의 끝과 근대의 시작

앞 장에서는 중세라 불리는 시대와 그 시대에 성립된 신학에 관해 살펴보았다. 이어지는 세 장에서는 중세라는 시대가 어떻게 끝났는지, 이후 중세를 어떻게 파악하는지 등의 문제를 다루어 보고자 한다. 이 와중에 신학이 하나의 형이상학적 통합 체계를 잃어버린 뒤 무엇이 되었는지도 살펴보려 한다. 이는 다른 시점에서 본다면 근대가 어떻게 시작되었는지를 살펴보는 것이며 근대라고 불리는 시대에는 신학이 무엇이 되었는지를 확인하는 것이기도 하다.

그리스도교 역사와 관련해 중세의 종언, 근대의 시작을 둘러싼 논의는 크게 세 가지 정도로 나뉜다. 첫 번째는 16세기 종교개혁을 중세의 끝으로 봄과 동시에 근대의 시작으로 보는 관점이다. 이는 독일 내셔널리즘에 중점을 둔 사람들의 견해다. 물론 이러한 견해도 다양하게 갈리지만 적어도 독일인 마르틴 루터Martin Luther가 유럽에서 처음으로 '그리스도인의 자유'를 주장해 근대적인 의미의 자유를 쟁취했다고 본다는 점에서는 의견을 같이한다. 좀 더 구체적으로 말하면 루터의 등장으로, 혹은 개신교의 등장으로 서방 그리스도교는 (로마 가톨릭과 프로테스탄트라는) 두 개의 종파로 분열했으며 1555년 아우크스부르크 종교화의The Peace of Augsburg 이후 사람들은 자신의 종교를 선택할 수 있게 되었다는 것, 즉 로마 가톨릭과 프로테스탄트 중 한쪽을 자유롭게 선택할 수 있는 이른바 '신앙의 자유'를 얻었다는 것이다. 뒤에서 이러한 생각에 대해 좀 더 설명하겠지만 오늘날에는 이러한 주장을 옹호하기란 쉽지 않다.

16세기 종교개혁이 중세의 끝임과 동시에 근대의 시작이라는 주장, 혹은 가톨릭적인 중세에 대한 루터의 종교개혁으로 인해 탄생한 프로테스탄트적인 '그리스도인의 자유'가 근대의 시작이라는 견해는 지극히 정치적인 명제다. 이는 19세기에 간신히 통일 국가를 수립한 독일의 '정치신학'이 수립한 새로운 견해로서, 독일 내셔널리즘의 산물이다.

1871년 프로테스탄트 국가인 프로이센을 중심으로 통일을 완수한 독일은, 나라 안팎에 새 국가 건설의 정통성을 설명해야만 했다. 이러한 통일 독일을 '제2제국'이라고 부른다. '도이치 라이히'Deutsches Reich를 일본에서는 '독일제국'獨逸帝國이라고 번역하곤 하지만, 이 번역어는 잘못된 인상을 주기 쉽다. '라이히'라는 말은 '제국'帝國이라는 뜻보다는 '전국'全國이라는 뜻이 더 강하다. '라이히'와 유사한 개념으로 '란트'Land가 있는데 이 말은 '주'州, '영방'領

邦, '방'邦 등으로 번역된다. '라이히'는 각 '란트'가 모인 것, 전국 단위로 합친 것을 뜻한다. '독일제국'이라는 번역어가 널리 퍼진 데에는 이 라이히를 황제Kaiser가 지배했다는 점에서 제2제국을 '도이치 카이저 라이히'Deutsches Kaiserreich라고 부르는 경우가 있었기 때문이다. 그러나 그렇다고 해서 '도이치 라이히'를 '독일제국'이라고 번역하는 것이 적절한지는 모르겠다.

'제2제국'이 끝난 뒤에 도래한 시대를 '바이마르 공화국'Weimarer Republik 시대'라고 부르지만, 이 또한 통칭에 불과하다. 헌법을 확인해 보면 '제2제국'도 '바이마르 공화국'도 정식 명칭은 도이치 라이히다. 또한 '제2제국'이라는 말은 '제1제국'을 전제로 하는 말인데 이때 제1제국은 '신성로마제국'Sacrum Romanum Imperium을 뜻한다. 히틀러는 여기서 착안해 '제2제국'(이 명칭은 그가 생각해 낸 명칭은 아니지만)의 뒤를 잇는, 자신의 집권 아래 있는 독일을 '제3제국'이라고 부르게 했다. 히틀러 이후, 즉 전후에 동서로 분열한 뒤 서독은 본에 임시 정부를 두고, 본 기본법Bonner Grundgesetz을 제정했는데, 여기서는 이전 시대, 동서가 통일되어 있던 시대를 바이마르 공화국 시대라는 통칭을 본 따 '본 공화국 시대'라고 부른다.[1]

다시 '제2제국' 시대 이야기를 하자면 1871년 독일은 간신히 전국 통일을 이루며 뒤늦게 국제무대에 등장했고 일본처럼 부국강병이라는 기치를 내걸고 '유럽의 중심', '가장 유럽적인 국가로서의 독일'이라는 이미지를 확산하려 애썼다. 이는 일차적으로 프랑스

---

[1] 본 기본법Bonner Grundgesetz은 1949년에 제정된 독일연방공화국의 헌법으로 독일연방공화국 기본법의 모체다.

와 영국을 염두에 둔 것이었으나 내국인에게도 다양한 선전을 행했다. 당시 독일 프로테스탄트 신학부에 있던 교수들은 이러한 국가 전략에 적극적으로 협력했다. 이 시기 독일 신학은 통일 국가를 이념적으로 보강해주는 정치적 역할과 기능의 수행을 요구받았다.

앞에서 언급한 하르낙은 이러한 구호를 정치적으로만 제안한 것이 아니라 신학적으로도 제안했다. 그는 말했다. "17세기 영국의 청교도 혁명보다도 빨리, 18세기의 프랑스 혁명보다도 빨리, 독일은 16세기 마르틴 루터의 종교개혁과 함께 근대화를 이룩했다.", "그리스도인의 자유야말로, 유럽이 처음으로 손에 거머쥔 근대적 자유이다."

이러한 말들은 당대 국제정치 상황에서 독일인들의 내셔널리즘을 고양하는데 효과적이었을 것이다. 당시 독일 정치계는 루터교에 다양한 지원을 요청했다. 당시 소독일주의小獨逸主義, Kleindeutsche Lösung 지지자들은 오스트리아나 스위스 등 독일어권을 아우르는 통일을 포기했기 때문에 독일어와는 다른 방식으로 독일인의 정체성을 어떻게 세워야 할지를 고민할 수밖에 없었다. 그리고 그 결과 독일인들을 하나로 모으는 요소로서 마르틴 루터와 그의 이름으로 대표되는 종교개혁을, 즉 '프로테스탄트 국가로서의 독일'이라는 신학자들의 아이디어를 받아들였다.[2] 주변 국가들, 프랑스나 이탈

---

[2] 대독일주의大獨逸主義, Großdeutsche Lösung와 소독일주의小獨逸主義, Kleindeutsche Lösung는 19세기에 근대국가로서의 통일 독일 건설 과정에서 대립한 두 사상으로서, '독일문제'獨逸問題, Deutsche Frage라고 부르기도 한다. '대독일주의'는, 기존 독일 연방의 가장 강력한 나라이자 신성로마제국의 황제직을 역임한 오스트리아 제국을 맹주로 하여 멸망한 신성로마제국의 영토 대부분

리아, 오스트리아나 헝가리, 폴란드 등이 로마 가톨릭이 강세인 국가였다는 점에서 종교개혁이나 프로테스탄트라는 이미지는 이들과 자신을 구별할 수 있게 해주는데 안성맞춤이었다.

앞서 언급한 소독일주의자들은 오스트리아나 스위스와 같은 독일어권 국가를 포섭해 새로운 근대를 건설해야 한다는 대독일주의大獨逸主義, Großdeutsche Lösung를 주장한 이들과 대립했고 전쟁까지 벌인 끝에 프로이센을 중심으로 통일 국가를 건설하게 되었다. 빌헬름 1세Wilhelm I를 황제로 옹립해 세워진 이 새로운 국가는 자신을 유럽의 중심으로, 하느님의 은총 아래 건국된 프로테스탄트 국가라는 기치를 내걸고 로마 가톨릭을 따른 오스트리아나 프랑스와 벌인 두 번의 전쟁(1866, 1871)에 승리했다. 이렇듯 프로테스탄트 신학은 독일의 국가 건설 작업에 정치적 명분을 제공했으며 '근대

을 통합하고 회복함으로써 새로운 대독일을 건설하자는 입장이었다. 이에 반해 '소독일주의'는 오스트리아인의 75% 이상은 게르만 민족이 아니므로 이것은 통일 독일의 순수성을 저해하며 오스트리아 영토가 서북부에 비해 낙후된 동남 지역을 차지한다는 점을 이유로 들어 오스트리아를 제외한 프로이센 왕국을 중심으로 한 '소독일'을 근대 국가로 건설하자는 입장이었다. 양측의 대립과 갈등은 갈수록 심각해졌고, 그 결과 오스트리아를 중심으로 한 대독일주의 진영과 프로이센을 중심으로 한 소독일주의 진영 사이에서 1866년 '오스트리아-프로이센 전쟁'이 일어났다. 이 전쟁에서 오스트리아가 패배함으로써, 프로이센을 수장으로 한 북독일 연방(소독일주의)이 탄생한다. 오스트리아를 지지했던 나사우, 프랑크푸르트 등은 프로이센에 병합되었고, 바이에른 왕국이나 작센 왕국도 영향력을 상실했다. 오스트리아는 통일 독일에서 배제되었을 뿐 아니라 이탈리아에 베네치아를 빼앗기고, 헝가리인들의 봉기까지 발생해 이중제국으로 바뀌었다. 북독일 연방은 또다시 1871년에 '프로이센-프랑스 전쟁'에서도 승리하여 독일제국으로 발전하였고, 독일과 오스트리아는 별개의 국가가 된다. 하지만 대독일주의 이념은 이후에도 면면히 유지되어 아돌프 히틀러에게 영향을 미쳤다.

적인 자유를 처음으로 손에 거머쥔 루터와 종교개혁'은 그 대표적인 구호였다.

이러한 과정을 생각해 보면 종교개혁이 '근대의 시작'이라는 견해는 독일의 근대화나 내셔널리즘과 강력히 결합한 것이었음을 알수 있다. 독일 통일 이후 독일에서 루터 및 종교개혁에 관한 연구가 급성장했다는 점도 이와 맥락을 같이 한다. 이러한 '루터 르네상스'는 독일 안에서 정치와 종교가 밀접하게 관련을 맺음으로써일어난 결과라 볼 수 있다.[3] 어떻게 이러한 정치신학이 가능했을까? 독일에서는 오늘날 종교개혁이라고 부르는 16세기의 사건들자체보다는 이를 어떻게 갈무리하느냐가 정치적 이미지로서 더 중요했기 때문이다.

종교개혁이라 불리는 사건들

서유럽에서 교회 개혁이 일어난 사건을 다루는 역사, 즉 '종교개혁사'에서는 마르틴 루터가 면벌부를 비판하며 '95개조 논제'를내건 사건이 늘 첫머리를 장식하곤 한다. '95개조 논제'의 세부 내

---

[3] '루터 르네상스'는 독일, 스칸디나비아, 핀란드에서 1900~60년 사이에 일어난 마르틴 루터 연구의 부흥을 가리키는 말이며 마르틴 루터의 생애와그의 문헌에 관한 세밀한 연구를 바탕으로 개신교 종교개혁 사상을 체계적으로 재구축하려는 시도였다. 루터 연구는 모두 이 시기 연구 성과를 바탕으로 했다고 할 정도로 루터 연구의 대규모 혁신을 이룬 것으로 평가받는다. 이 운동을 주도한 학자로는 칼 홀Karl Holl, 임마누엘 히르쉬Emanuel Hirsch, 루돌프 헤르만Rudolf Hermann, 파울 알트하우스Paul Althaus 등을 들 수있다. 1920년대까지는 독일과 스웨덴이 국제적인 연대를 이루어 연구를행했으나 1930년대부터 독일 루터 연구가 나치를 뒷받침 하는 이론으로쓰이고 몇몇 학자들이 나치를 옹호함에 따라 국가마다 각기 다른 방식으로 발전하게 되었다.

용에 대해서, 그리고 루터의 신학 사상과 정치적인 입장에 관해 여기서 자세히 다룰 수는 없다. 그리고 이는 이 책의 의도와 부합하지도 않는다. 내가 주목하는 두 관점은 종교개혁이라 불리는 16세기의 사건이 어떻게 '중세를 끝냈는지'의 방법(혹은 이 사건을 통해 어떻게 '중세'가 끝났는지의 과정)과 이른바 '독일적인 신학'이 어떻게 탄생했느냐는 것이다.

많은 사람이 1517년 10월 31일 아우구스티누스 수도회Ordo Sancti Augustini, O.S.A의 수도사 마르틴 루터가 비텐베르크성 교회 문에 이른바 '95개조 논제'를 붙인 사건을 계기로 종교개혁이 시작되었다고 알고 있다. 하지만 루터가 실제로 교회 문이나 그 외 장소에 논제를 붙였는지는 확인할 수 없다. 아마 그렇지 않았을 확률이 더 높을 것이다. 그렇다면 왜 이 이야기는 그토록 널리 전파된 것일까? 루터가 어떠한 방식으로든 이 논제를 가까운 사람들에게 보여준 것은 분명하다. 당시 그는 '사람은 어떻게 하면 구원을 받을 수 있는가?' 혹은 '어떻게 내가 구원받았다는 것이 확실하다고 확신할 수 있을까?'라는 문제를 두고 진지하게 고민하고 있었다. 신학적 표현으로 달리 말하면 '인간이 어떻게 의롭게 되어 천국에 갈 수 있는가?'라는 물음도 된다. 이러한 물음을 던지고 고민했다는 것 자체가 루터가 중세 사람이고 중세 신학의 영역에 머물러 있었음을 알게 해 준다.

앞서 이야기했듯 중세 시기에는 죄 많은 인간이 이를 용서받는 것, 의롭게 여김을 받아 천국행 열차 탑승권을 얻는 것을 모두 교회라는 제도가 독점하고 있었다. 사람들은 이 교리에 의문을 품지 않았으며 다른 제안을 받을 일도 없었다. 오늘날에는 교회의 가르침을 따르는 것이 순전히 개인의 자유에 달려 있다. 그렇기에 오늘날 관점으로 보면 중세 교회의 가르침은 일종의 강제, 선택지를 주지 않고 자신들의 이야기만을 강요하는 일종의 세뇌처럼 보일지도 모른다. 그러나 당시 사람들에게는 교회의 가르침을 듣고 따르면 행복을 얻을 수 있을 뿐만 아니라 천국에 갈 수 있다는 이야기도 그리 나쁘게 들리지 않았다. 2012년 5월 세계에서 가장 높은 전파탑(634m)인 도쿄 스카이 트리Sky Tree가 완공되었다. 도쿄 어디서나 보이는 이 거대한 구조물 꼭대기에 개인이 아무런 도움도 없이, 온전히 자기 힘으로 올라가라고 한다면 아마 대다수는 손사래를 칠 것이다. 그런데 담당자의 안내를 받아 조금만 기다리면 엘리베이터를 탈 수 있고, 그 후에 별다른 노력을 하지 않아도 눈 깜짝할 사이에 전망대까지 올라갈 수 있다면 어떻게 하겠는가(실제로 스카이 트리는 이렇게 올라갈 수 있다)? 둘 중 하나를 선택하라고 한다면 대부분 후자를 선택하지 않을까? 중세는 그런 세계였고 중세 사람들의 삶과 신앙도 그러했다.

훗날 마인츠 대주교가 되는 알브레히트 폰 마인츠Albrecht von Mainz는 면벌부를 발행했는데 그것을 사면 사람들의 죄가 경감될 뿐 아니라 천국에 더 가까워진다고 가르쳤다. 당시 그의 주장이 틀렸다고 생각하거나 의문을 품은 사람은 전문적 지식을 지닌 신학자나 성직자 외에는 드물었다. 오히려 사람들은 적극적으로 면벌부를 샀다. 죄를 용서받을 수 있고 천국에 들어갈 수 있다는 확약을 그 전까지 교회가 가르치던 회심이나 속죄를 위한 다양한 과정을 거치지 않고서도 받을 수 있다면 누군들 사려 하지 않았을까. 마치 우회도로를 통해서만 갈 수 있던 목적지에 직선으로 갈 수 있는 길이 생겼다면 사람들이 그쪽을 택하는 것은 당연한 일이다. 1517년 알브레히트는 천국행 탑승권 판매를 부추기는 『지도요강』 指導要綱까지 간행했으며 이 지침에 따라 여러 형태의 면벌부가 판매되었고 사람들 사이에서 큰 인기를 끌었다.

어떻게 하면 인간이 의롭게 여겨질 수 있으며 구원을 받아 천국에 갈 수 있는지를 고민하던 루터는 이러한 상황에 불만을 느꼈다. 그는 알브레히트가 쓴 『지도요강』이 로마 가톨릭 교회의 전통에서 인정받던 면벌indulgence, 이미 하느님에게 용서받은 죄에 상응하여 해야 할 속죄 과정을 교회의 힘으로 일부 또는 전부를 면해주는 교리에서도 벗어난 것이 아닌지 의문을 품었다. 이내 루터는 자신의 의견을 라틴어로 정리해서 질문서 혹은 토론 요청서를 대주교에게 보냈다.

알브레히트는 면벌부 판매에 대해서 신학적인 근거나 이유를 충분히 갖고 있지 않았다. 하지만 인간을 의롭게 하고 구원을 이루어 천국으로 보낼 수 있는 것이 오직 교회의 권위와 제도에 있다는 당시 사상은 알브레히트와 같은 면벌부 판매를 가능케 했다. 좀 더 실질적으로 그는 면벌부를 판매해 얻은 돈을 로마(교황청)에 상납하기보다는 더 강력한 정치적 힘을 얻고자 했다. 마인츠 대주교가 되기 전에도 그는 이미 두 지역의 대주교를 맡고 있었는데 이러한 겸직 자체가 이미 당시 관습을 위반하는 것이었다. 그러나 그는 이에 만족하지 못했고 당시 신성로마제국에서 정치적으로나 종교적으로나 더 영향력 있는 마인츠 대주교가 되고자 했다.

마인츠 대주교는 '마인츠 선제후'라고도 불리는데, 이는 당시 가장 힘이 센 '주교 영주'의 지위에 해당했다. '주교 영주'는 란트의 정치에도 관여하는 성직자였으며 마인츠 대주교는 신성로마제국에 있는 여러 '주교 영주' 가운데서도 가장 막강했다. 광활한 영지를 갖고 있었을 뿐 아니라 선제후로서 제국의회의 대서기관이기도 했으며 황제를 선출할 때 투표를 관리하는 사람이기도 했기 때문이다. 알브레히트는 이러한 커다란 권력을 가지려는 야망을 품고 있었다. 그러나 앞에서 말했듯 이러한 생각을 품는 것은 당시의 관습에 어긋나던 것이었다. 따라서 그는 이러한 시도를 관철하고자 민중을 상대로 한 면벌부 판매량을 늘려 거액의 현금을 손에 넣은 뒤 일부 이익금을 로마로 보냈으며 그 결과 로마는 그의 행위를 묵인했다. 종교개혁은 천상과 이 세상을 잇는 면벌이라는 신학적 문제를 다룬다는 점, 그리스도교가 현세의 이익과 권력을 고집하게 된 것과 연관되어 있다는 점에서 중세적이다. 근대와 달리 종교개혁 시기에도 정치와 종교는 여전히 분리되지 않았다.

물론 루터가 95개 논조를 제시했을 때 그런 것까지 염두에 두었던 것은 아니다. 그는 순수하게 자신의 신학적 실존에 바탕을 둔 신앙에 관한 질문을 대주교에게 과감하게 던졌을 뿐이다. 하지만 이러한 신학적 질문이 알브레히트에게는 매우 정치적인 질문으로 다가갔다. 루터가 던진 질문은 알브레히트로서는 성가시고 회피하고 싶은 내용을 담고 있었다. 물론 이러한 문제를 제기한 인물이 루터만 있었던 것은 아니다. 그 전에도 교회를 향한 비판의 목소리는 있었다. 하지만 대부분의 경우 교회는 비판자와 원만하게 협의를 하거나 자신의 권위를 활용해 위압적으로 비판의 목소리를 잠재우곤 했다. 루터의 경우도 마찬가지였다. 교황청은 루터의 문제 제기를 독일의 국내 문제로 규정해 사태를 묵인하고 원만한 해결을 도모했다. 불필요하게 교황청의 권위에 상처가 가지 않게 하면서도 가톨릭 교회 내부에 있는 불만의 목소리가 더 커지지 않게 막아 새로운 불온 행동이 일어나지 않게 해야 했다. 그러나 루터의 경우 제삼자가 개입을 했다. 작센의 선제후 프리드리히 3세Friedrich III가 루터를 보호하겠다고 나선 것이다.[4] 합스부르크 왕가의 힘을 의식한 교황은 이 개입을 묵인할 수밖에 없었으며 이로 인해 루터와 관련된 일은 종교적인 문제에서 더 나아가 정치적인 문제가 되어 버렸다. 한편으로는 루터 주변에서 다양한 신학적 논의가 전개되었고 다른 한편에서는 루터를 사회, 정치적으로 보호하려는 제후들과 교황에 대한 지지를 이어가는 제후들 사이에서 대립 국면이 발생했다. 이렇게 루터의 '95개조 반박' 사건은 종교적 사건이었으나 신성로마제국을 구성하고 있던 영주들의 정치적 대립을 유발함으로써 복합적인 사건이 되었다.

---

[4] 프리드리히 3세(1486~1525)는 독일의 작센 지방의 선제후로 있던 인물로 종교개혁을 주장하는 마르틴 루터를 적극적으로 보호한 것으로 유명하다. 교황과 황제의 압력에도 불구하고 마르틴 루터를 끝까지 보호했기 때문에 후대에 현자der Weise라는 별칭이 붙었다. 적자가 없고 서자들만 있었기에 사망 후 선제후 직위는 동생 요한이 물려받았다. 후임 작센 선제후 동생 요한 1세와 조카 요한 프리드리히 1세는 적극적으로 루터주의로 돌아섰기 때문에 이후 작센 선제후령은 신성로마제국 내 개신교 세력의 중심이 되었다.

루터를 지지하는 제후 집단은 1530년 필립 멜랑히톤Philipp Melanchthon이 쓴 『아우크스부르크 신앙고백』Confessio Augustana(1530)을 자신들의 신앙 입장으로 표명하며 하나의 정치 세력이 되어갔다.[5] 제국의회에서는 이들을 '아우크스부르크 신앙고백을 신봉하는 사람들' 혹은 '아우크스부르크 신앙고백파'라고 불렀다. 이들은 훗날 '개신교 교회' 즉 '프로테스탄트 교회'의 뿌리가 된다. 이러한 이름을 지은 것은 루터가 아니다. 그는 하나의 새로운 종파를 만들겠다는 의도는 없었다. 다만 교회가 '재형성'reformation되어야 한다고 생각했을 뿐이다. 하지만 그의 의도와 무관하게 이미 같은 교회 안에서 두 개의 종파가 생겼다. 오늘날 로마 가톨릭이라고 불리는 첫 번째 종파를 두 번째 종파에 속한 이들은 '황제의 (원래부터 있었다는 의미에서) 낡은 종교'로 간주했다.

좀 더 살펴볼 만한 점은 이 시기 신학자들이 '신학'이라는 학문을 중세 신학자들처럼 세계의 진리나 신의 보편성 문제를 규명하

---

[5] 필립 멜랑히톤(1497~1560)은 독일 개신교 신학자로 마르틴 루터와 더불어 가장 중요한 독일 종교개혁가로 꼽히며 루터파 교회의 초석을 다진 인물로 평가받는다. 하이델베르크대학교에서 철학과 수사학 등을 공부했으며 튀빙엔대학교에서 법학과 의학 등을 공부했다. 1516년 석사 학위를 받은 뒤 본격적으로 신학을 공부하기 시작했는데 마르틴 루터와 요한 에크의 논쟁에 참여하면서 본격적으로 종교개혁가로 활동을 시작했다. 이후 루터의 사상을 체계화하고 옹호하며 훗날 개신교 교육의 토대가 되는 프로그램을 만드는데 힘을 기울였다. 개신교 정신에 입각한 최초의 교의학 저작이자 장 칼뱅의 『그리스도교 강요』Institutio Christianae Religionis와 더불어 종교개혁 시기 가장 중요한 교의학 저작으로 평가받는 『신학총론』Loci communes이 대표 저작으로 꼽히며 루터파의 고전적인 신앙 고백으로 꼽히는 '아우크스부르크 신앙고백'Confessio Augustana을 기술한 것으로도 유명하다. 한국에는 『신학총론』(크리스천다이제스트), 『목판화로 대조한 그리스도와 적그리스도의 생애』Passional Christi und Antichrist(새물결플러스)가 소개된 바 있다.

기 위해 사용하지 않았다는 점이다. 대신 그들은 자신이 속한 종파의 정당성을 상대에게 증명하거나 변증하는 수단으로 신학을 사용했다. 로마 가톨릭의 경우에는 교회가 공인한 교리를 증명하거나 옹호하기 위한 학문으로서 교의학을 전개해 나갔으며 개신교 교회'들'은 (로마 가톨릭은 물론 개신교 내 다른 교파와 구별되는) 자기 교회의 입장을 대변하는 신조를 새롭게 만드는 방식으로 신학을 전개해 나갔다. 이로써 신학은 각 교파의 입장을 설명하는 학문이 되었으며 신학의 목적은 이단이나 교회 밖에 있는 여러 사상과 싸우는 것이 아니라 교회 안에서 특정 교파가 자신의 정체성을 설명하는 것이 되었다.

'아우크스부르크 신앙고백'을 보면 제1부에서는 자신이 믿는 바를 열거하고 있으며 제2부에서는 그것이 로마 가톨릭 교회와 얼마나 다른지, 혹은 로마 가톨릭 교회는 어떤 점에서 잘못을 범하고 있는지를 설명하고 있다. 이것만 보더라도 신학에 중세 때와는 전혀 다른 성격이 나타나고 있음을 우리는 알 수 있다. 물론 이렇게 신학의 성격이 변화되어 가는 와중에도 이러한 신학이 필요했던 사회와 교회는 중세와의 뿌리 깊은 연속성을 지니고 있었다. 종교개혁이라 불리는 일련의 사건들이 일어난 후 1555년 처음 나온 정치적 해결책인 '아우크스부르크 종교화의'의 내용과 결론도 다분히 중세적이다.

종교개혁의 쇠퇴 과정

'아우크스부르크 신앙고백'을 믿는 이들과 '황제의 낡은 종교'를 수호하는 이들 사이에서 일어난 정치 분쟁은 신학 논쟁으로까지 확대되었으며 점점 더 격렬해졌다. 그런 가운데 신성로마제국 내부에서 일어난 종교 대립에 대한 해결을 도모하려는 시도가 1555년 이루어졌다. 아우크스부르크에서 개최된 제국의회가 그것인데 이 의회에서는 제국 안에서 일어난 교파 분쟁의 해결을 의제로 다루었다. 당시 황제 카를 5세Karl V는 이 교파 분쟁이 쉽게 해결되지 않으리라고 보았기 때문에 조정을 하려 그다지 애쓰지 않았다. 따라서 제국의회는 그의 남동생이자 독일 왕이었던 페르디난트Ferdinand를 소집 책임자로 임명했다. 가톨릭 쪽에도 조율을 시도했지만 그들은 '아우크스부르크 신앙고백파'를 용인하면 교회의 권위가 상대화되고 사실상 이분(교회가 둘로 분열)될 것이라는 이유로 비협조적인 태도를 취했다. 그러나 그럼에도 불구하고 제국의회는 이 교파 대립의 해결을 위해 훗날 '아우크스부르크 종교화의'라 불리는 결의를 이루어 냈다. 혹자는 이를 '아우크스부르크의 종교화해'라고도 부르지만 이 말이 적절하다고 생각하지는 않는다. 이 당시 제국회의에서는 '아우크스부르크 종교화의'로 알려진 사항만 다룬 것이 아니기 때문이다. 오늘날 우리가 '아우크스부르크 종교화의'라고 부르는 것은 제국의회에서 결정한 회의록 중 일부에 지나지 않는다.

그렇다면 이 회의록에는 어떤 내용이 적혀 있었는가? 가장 널리 알려진 내용은 '영주의 영지에서는 영주의 종교를 따른다'cuius regio, eius religio는 것이다. 오해하지 말아야 할 것은 당시 회의록은 독일어로 작성되었으며 이러한 문장은 발견되지 않는다는 점이다. 저 유명한 문장은 1610년 교회법학자 요아킴 슈테파니Joachim Stephani가 『교회법 요강』에서 1555년 아우크스부르크 회의에서 무엇이 결정되었는지를 설명하는 가운데 쓴 문장이다.[6]

　1555년의 정치적 결정은 영방의 지배자가 선택한 종교가 그 영방의 종교가 되는 것이었다. 따라서 신성로마제국 내 각 영방의 종교는 영방마다 달라져 블록화되었다. 영방의 영주의 종교가 로마 가톨릭이면 그 지역은 로마 가톨릭이 되었고, 프로테스탄트이면 프로테스탄트가 되었다. 이때 중요한 문제는 자신의 종교와 영방의 종교가 다른 이들이 다른 영방으로 이주할 때의 문제였다. 아우크스부르크 종교화의는 이러한 경우 재산은 얼마나 갖고 나갈 수 있는지, 새로운 이주 지역은 이들을 어떻게 보호해야 하는지를 상세하게 규정했다. 이렇게 제국은 제국 안에서 벌어진 교파 대립 문제에 대해 지극히 정치적인 해결책을 제시했고 어느 정도 효과를 발휘했다. 그러나 이 결의가 신성로마제국의 사회체제를 크게 변화시켰다고까지는 말할 수 없다. 이 결의를 통해 '아우크스부르크 신앙고백파' 즉 루터파가 법적으로 인정을 받은 것처럼 보이나 실제로 교황 쪽에서는 의회가 진행되는 도중에 특사를 소환해 결의안을 받아들이지 않았다. 또한 이 결의에는 예외 조항이 많았는데 결의가 이루어진 아우크스부르크 등의 제국 자유도시는 이 결의를 적용하지 않는 제외 지역으로 정해져 1555년 이후에도 로마 가톨

---

[6]　요아킴 슈테파니(1544~1610)는 독일의 교회법 학자로 비텐베르크대학교 및 몇몇 대학교에서 공부했으며 로스톡대학교에서 석사 학위를 받았다. 1577년에는 박사 학위를 취득한 후 그라이프스발트대학교의 법학 교수로 활동했다.

릭과 프로테스탄트가 한 곳에 공존했다. 한 마을에 살면서도 다른 신앙, 다른 정치적인 입장을 지닌 채 생활을 이어간 것이다.

애브너 시모니Abner Shimony가 쓴 『티발도와 사라져 버린 열흘』 Tibaldo and the Hole in the Calendar(1997)이라는 소설은 이 시대에 일어난 사건을 매우 흥미롭게 묘사한다.[7] 1582년에 로마 교황 그레고리우스 13세Gregorius XIII는 역법曆法을 개정해 그전까지 사용하던 율리우스력Julian calendar을 그레고리우스력Gregorian calendar으로 바꾸었다.[8] 소설의 주인공 티발도 본디는 1570년 10월 10일 이탈리아 북부의 볼로냐에서 태어나는데 그레고리우스 달력으로 바뀌던 시기에 시차를 조절하기 위해 옛 달력에서 10일의 기간을 삭제해 버리는 기술적 조치가 단행되기로 공표되었다. 이 공표 때문에 티발도가 태어난 생일은 바로 이 시기에 포함되었고 그는 자신의 생일이 없어지지 않게 하기 위해 교황에게 소송을 걸어 달력의 개정 작업을 어떻게든 단념시키려 애쓴다.

---

[7] Abner Shimony, *Tibaldo and the Hole in the Calendar* (New Jersey : Copernicus Books, 1997)『어! 달력에 구멍이 뚫렸어요 : 티발도와 사라져 버린 열흘』(한승)

[8] 로마 교황 그레고리우스 13세Gregorius XIII는 기존의 율리우스력을 고쳐 1582년에 그레고리우스력을 선포했다. 율리우스력의 1년은 365.25일로 4년마다 하루씩 '윤일'을 넣었으나 측정 오차로 인해 100년마다 하루씩 늦어져 그레고리우스 시대에는 14일이나 오차가 발생했다. 그레고리우스력은 이 문제를 해결하기 위해 나왔으며 시행 첫해 10월 4일을 기점으로 달력의 날짜가 열흘씩 앞당겨져서 10월 4일 다음 날은 10월 15일이 되었다. 그레고리우스력이 율리우스력과 다른 점은 100으로 나누어지는 해 중에서도 400으로 나누어지는 해만 윤년이 된다는 점이다. 또한 4,000으로 나누어지는 해를 평년이 되도록 해 2만 년 만에 하루 정도 오차가 생길 만큼 정확하다. 그레고리우스력은 이탈리아 일부, 스페인, 포르투갈 등 가톨릭 국가들을 중심으로 전파되었고 이후 다른 지역으로도 널리 확산되었다. 이슬람교 국가들은 이슬람교 달력을 별도로 사용하였다.

소설에서 일어난 사건이지만, 실제 현실에서도 달력을 둘러싼 일들이 발생했다. 앞서 언급했듯 아우크스부르크와 같은 제국의 자유도시는 '아우크스부르크 종교화의'의 결정에서 제외되어 있어 로마 가톨릭과 프로테스탄트가 공존했다. 프로테스탄트인 사람들의 경우 1555년 이후 교황의 결정을 따르지 않았기 때문에 그레고리우스력을 채택하지 않았다. 그리하여 한 마을에 살면서도 자신의 신앙에 따라 서로 다른 달력을 쓰는 일이 발생했다. 좀 더 구체적으로는 로마 가톨릭과 프로테스탄트가 지키는 부활절, 오순절, 크리스마스도 날짜가 달라져 버렸다.

이 시대의 대다수 사람은 농민이었다. 농민은 토지를 버리고 다른 영방으로 이동하기가 쉽지 않았다. 따라서 1555년의 정치 결정은 회의록으로 남았지만 사회 구조를 크게 뒤바꿔 놓았다고 볼 수는 없다. 여전히 혼란이 있는 가운데 사회를 유지해 가는 지혜가 황제에게서 나왔으며 다양한 방식으로 이를 실행에 옮기는 시대가 이어졌다.

독일인들은 그럼에도 불구하고 종교와 사회의 관계라는 측면에서 1555년의 결정으로 종교의 자유가 처음으로 생겼다고 주장했다. 이때 종교의 자유는 곧 선택의 자유를 뜻한다. 로마 가톨릭이나 프로테스탄트 중 하나를 선택할 수 있게 되었으니 말이다. 하지만 앞에서 말했듯 당시 사람들이 온전한 의미에서 선택의 자유를 갖게 되었다고 볼 수는 없다. 당시 종교를 선택할 수 있던 주체는 오직 지배자인 영주뿐이었다. '영주의 영지에서는 영주의 종교를 따른다'는 말이 이러한 상황을 잘 보여준다.

각 영지에 따라 신앙이 달라진 상황은 중세 시대 종교와 사회의 관계가 지역별로 세분화된 것 이상의 의미가 있다고 보기는 힘들다. 기존에 신성로마제국에서 하던 일을, 이제는 영방이 제각각 할 수 있게 되었을 뿐이다. 이 시기의 대다수 사람은 자신의 신앙을 선택하지 않았고 선택할 수도 없었다. 그리고 오늘날에 이르기까지 독일에서는 신앙이 각 영방의 문제로 취급되고 있다. 누군가는 이 시기 사람들은 '사상의 자유'를 누리기 시작했다고 말하기도 한다. 하지만 그러한 자유마저도 인간이나 사회를 구체적으로 움직일 힘은 갖고 있지 못했다.

신학과 내셔널리즘

1555년의 정치적 결정은 '신학'에 새로운 의미와 역할을 부여했다. 그로 인해 발생한 현상 중 하나는 앞서 암시했듯 '신학의 상대화'가 일어났다는 사실이다. 그 전까지 신학은 그리스도교 유럽 전체의 문제를 아우르는 보편적인 과제, 혹은 전 인류의 보편적인 진리를 다루었다. 하지만 종교개혁 시대부터 사고방식이 지역화하면서 신학은 각 영방의 정치나 교파를 지탱하는 학문이 되었다. 그리고 시간이 흐를수록, 근대에 가까워질수록 개별 국가를 뒷받침하는 정치적 성격을 지니게 되었다.

종교개혁 시기 독일에서는 루터가 성서를 독일어로 번역했으며 예배를 할 때나 찬송을 부를 때도 독일어를 쓰기 시작했다. 그 전까지 교회의 신학은 라틴어로 이루어졌으며 전례 역시 라틴어로 행해졌다. 지식인은 라틴어라는 공통 언어를 통해 서유럽 전체 안에서 활동할 수 있었지만 교육받지 못한 일반인은 라틴어를 읽을 수 없었기에 신학과 전례의 내용을 이해할 수 없었다. 루터가 주도한, 성서, 예배, 찬송가를 독일어화하는 작업은 그동안 어떤 의미를 갖는지도 모른 채 접해 오던 그리스도교라는 종교가 민중에게 새로운 의미로 다가오는 계기가 되었다. 설사 본인이 독일어를 읽을 수 없다 할지라도, 누군가 독일어 성서를 읽어 주면 그 내용을 이해할 수 있었다. 이는 획기적인 사건이었다. 루터파는 폭발적으로 확대되어 나갔다. 처음에 루터파는 독일어 및 독일 문화와 결합했으며 종내는 독일 내셔널리즘과 결합하기에 이르렀다. 이는 가톨릭이 라틴어를 통해 유럽 전체와 연결된 것과는 대비를 이루는 현상이다. 문화사적으로 보았을 때는 요하네스 구텐베르크Johannes Gutenberg의 인쇄 기술 개량이 미친 영향도 지대하다. 루터의 독일어 성서가 인쇄술의 개량과 결합해 널리 보급될 수 없었다면 독일어 문법의 표준화나 독일어에 바탕을 둔 민족의식 확립이라는 것은 이루어지지 못했을 것이다.

루터의 활동 이후 독일어권에서 신학은 주권자의 정치와 긴밀한 관련을 맺게 되었다. 중세 신학이 국제적인 가치와 결합되어 있었다면, 종교개혁 이후의 신학은 민족적·국가적인 가치와 결합되어 있다. 앞서 16세기 종교개혁으로 인해 유럽의 '그리스도교적인 중세'가 끝나고 '근대'가 시작되었다고 말한 독일 신학자들의 주장은 1871년 통일 독일을 뒷받침하는 정치 이데올로기가 되었다고 말한 바 있다. 신학이 이러한 역할을 맡게 된 것은 분명 종교개혁이 있었기 때문에 가능한 일이었다.

'뒤늦게 등장한 대국' 독일이 1871년 염원하던 통일을 완수했을 때, 새롭게 태어난 라이히가 통일 국가에 대한 거대한 설계안을 독일 루터파 신학자들에게 맡겼다는 것도 앞서 이야기했다. 통일 독일의 정치 지도자들은 신학자들이 프로이센 종교로서 프로테스탄트 정치신학을 진행해 나가기를 바랐으며 이 기대에 부응해 독일 루터파는 여러 란트를 통일하여 탄생시킨 영방을 정신적으로도 통일시키는 국가 정체성을 설계하고 이 통일의 정치적 당위, 도덕성을 입증하기 위해 정치신학을 구축했다. 사람들은 1871년에 일어난 정치적 사건을 기꺼이 '신학적으로' 해석했다. 새로이 탄생한 라이히는, 같은 독일어권인 오스트리아를 배제하고, 프랑스와의 전쟁에서 승리함으로써 성립된 것이었다. 하지만 독일 루터파 신학자들은 새로운 라이히가 로마 가톨릭 국가인 오스트리아와 '1789년의 이념'(프랑스 혁명의 이념)을 체현하는 부도덕하며 종교적 정통성조차 지니지 못한 프랑스를 깨부순 뒤 성립된 것이라고 주장했다. 이러한 주장은 '정치신학'이라는 이름의 '국가신학'이었다고도 말할 수 있을 것이다.

이 시대 루터파의 활동을 잘 보여주는 자료로 정치적으로나, 신학적으로나 보수적인 입장에 서 있던, 할레에서 활동하던 조직신학자 마르틴 켈러가 쓴 문헌이 있다. 그는 1872년 자신의 정치신학을 기술한 팸플릿 형태의 소책자 『우리 힘의 강력한 원천은 어디에 있는 것인가?』Wo sind die starken Wurzeln unserer Kraft?를 출간했는데 이는 당시 보수 루터파의 논조를 잘 보여준다.[9] 그는 정치적으로 협의의 내셔널리즘은 지지하지 않지만, "경건한 그리스도교인으로서 독일 황제에 충성을 맹세해야 한다고" 주장하였다.[10] 그뿐만 아니라 그는 프로이센 이후 형성된 통일 독일을 신학적으로 정당화해야 한다고, 1789년 이후 독일 루터파에 침투해 들어 온 "1789년의 이념"(프랑스 혁명 사상)을 완전히 불식시켜 "우리 마음에 존재하는 파리"라는 도덕적 퇴폐로부터 독일을 구해 내야 한다고 힘주어 말했다. 이는 루터파 교회 내부에 있는 보수 세력이 지닌 정치적 태도를 잘 보여준다. 그들에게 프랑스 혁명이 내세운 이념은 반反그리스도교적인 이념이었다. 당시 보수 루터파는 "그리스도교적인 이웃 국가인 독일이 이와 싸워야 한다"고 생각했다. 또한 그들은 민주주의, 계몽주의, 인간중심주의, 자본주의, 유물론, 무신론, 그리고 공화제 이념 등과도 확실히 선을 그으면서 이러한 사상들과 도덕적, 정치적으로 싸워나가야 한다고 주장했다.[11] 마르틴 캘러의 정치신학 문헌에 나오는 "우리 마음에 존재하는 파리"와 싸우자는 표어는 이러한 생각을 압축적으로 보여준다.

『우리 힘의 강력한 원천은 어디에 있는 것인가?』는 단기간에 증쇄되었을 만큼 널리 읽혔다. 이러한 해석은 루터파 교회뿐만 아니

---

[9] Martin Kähler, *Wo sind die starken Wurzeln unserer Kraft? Gedanken eines bekehrten Particularisten über die Begründung des Deutschen Kaiserreichs*, in *Deutsche Blätter. Eine Monatsschrift für Staat, Kirche und soziales Leben*(1872).

[10] Martin Kähler, aaO. 453.

[11] 이러한 견해를 형성하게 된 신학자와 목사들의 신학적인 이론 구성에 대해서는 Klaus Müller-Salget, *Erzählungen für das Volk. Evangelische Pfarrer als Volksschriftsteller im Deutschland des 19. Jahrhunderts*(Berlin 1984)를 참조.

라 일반 저널을 통해서도 폭넓게 유포되었다. 기관지, 잡지 등 다양한 매체가 프랑스와의 전쟁을 '정의를 위한 전쟁'이라고 설파했으며 교회 곳곳에서 이 전쟁을 하느님의 윤리를 따르는, 하느님의 섭리 가운데 일어난 전쟁이라고 말하는 이른바 '전쟁 설교'가 울려 퍼졌다. 이러한 정치신학적 설교가 횡행한 독일교회들은 "하느님에게 부름받은 비스마르크"라는 생각을 일반화했고, 도이치 라이히를 하느님께서 선택하셨다는 식의 라이히 성립에 대한 도덕적 정통성도 강조하였다. 그들에게 프랑스의 패배는 "하느님의 뜻을 따르지 않는 이들, 교회를 배반한 이들에게 내려진 하느님의 심판"이었다. 이러한 주장은 독일 전역에 빠른 속도로 퍼져나갔다. 당시 일요일 예배 설교는, 라디오 매체가 등장하기 전까지 가장 거대한 미디어였으며 사상 통제의 수단이었다.

덧붙이면, 당시 독일(프로이센)을 시찰하며 활짝 꽃피우던 정치신학의 위력을 목격한 뒤 귀국한 이들이 바로 일본의 '이와쿠라 사절단'岩倉使節團이었다.[12] 그들에게 프로이센의 새로운 시도, 그 후의 통일 독일, "하느님에게 선택을 받은" 황제인 빌헬름과 이를 뒷받침하는 독일 루터파 교회의 (내셔널리즘과 결합한) 정치신학은 천황을 중심으로 하는 새로운 국가를 설계해 나가고자 할 때 중요한 참고가 되었다. 그들은 국가원수인 왕을 처형대로 보낸 영국이나 프랑스보다는 독일의 경우가 자신들에게 적합하다고 판단했다. 이

---

[12] 이와쿠라 사절단岩倉使節團은, 메이지유신 직후의 일본 정부가 1871년(메이지 4년) 12월 23일부터 1873년(메이지 6년) 9월 13일까지 유럽과 북미의 12개 국가를 시찰을 목적으로 파견한 시찰단으로 특명전권대사였던 이와쿠라 토모미岩倉具視의 이름을 따서 이와쿠라 사절단이라고 불리게 되었다.

러한 맥락에서 내셔널리즘과 결합한 신학으로서의 독일 모델은, 근대 일본의 국가 설계를 읽고 해독하기 위한 중요한 단서일지도 모른다.

제5장

17세기 영국의 개혁과 신학의 시장화

　영국 작가 조너선 스위프트Jonathan Swift의 작품 가운데 가장 널리 읽힌 작품은 『걸리버 여행기』Gulliver's Travels(1726)다.[1] 물론 대다수 독자는 걸리버가 소인국에 가서 겪은 일만을 그림으로 묘사한 동화책으로 읽었을 테지만 말이다. 이 때문에 스위프트의 당대 정치나 종교에 대한 날카로운 비판 의식을 이 작품에서 읽어 낸 사람은 그리 많지 않을 것이다. 그러나 스위프트는 지금부터 다루는 17세기

---

[1]　조너선 스위프트(1667~1745)는 아일랜드의 소설가이자 성공회 성직자이다. 더블린의 트리니티 칼리지에서 신학을 공부하고 잉글랜드로 이주해 정치가 윌리엄 템플의 비서로 일하며 정치계에서 자리 잡기 위해 노력했다. 템플의 갑작스러운 죽음으로 정치가가 되지는 못했으나 토리당을 대표하는 정치 평론가로 활동했다. 반대편인 휘그당의 세력이 커지자 아일랜드로 돌아와 더블린에 있는 성 패트릭 성당의 주임사제로 활동했다. 풍자 문학의 대가로 꼽히며 주요 작품으로 『걸리버 여행기』Gulliver's Travels(문학수첩), 『통 이야기』A Tale of a Tub(삼우반) 등이 있다.

영국 사회와 종교 상황에 대한 대표적인 증언자라고 말할 수 있다. 그가 쓴 또 다른 작품으로 기이하면서도 난삽하다고 평가받는 『통 이야기』A Tale of a Tub(1704)라는 소설이 있다. 『통 이야기』는 로마 가톨릭과 영국 국교회Anglican Church, 더 나아가 영국 국교회와 청교도의 문제를 다루면서 당시 영국과 주변국 사이의 복잡한 종교 관계를 풍자한 소설이다.[2] 이야기는 럭비공처럼 이쪽저쪽으로 바뀌며 전개되기 때문에 몇 번을 읽어도 무슨 이야기를 하고 있는지 이해하기 힘들다. 그러나 당시 사회와 종교에 대한 스위프트의 비판적인 시각을 엿볼 수 있으며 인간이란 궁극적으로 어떤 존재인지를 캐묻는 심오한 면모도 발견할 수 있다. 무엇보다 이 소설은 당시 영국의 혼란한 풍경과 함께 새롭게 만들어지고 있는 시대의 생생한 모습을 묘사한다. 이 장에서 다루려는 시대는 바로 스위프트가 문학 작품을 통해 응시하고 있는 17세기 풍경이다(덧붙여서 『통 이야기』라는 희한한 제목은, 서문에 따르면 바다에서 고래를 만나면 선원들이 빈 통을 던져 위기를 피한다는 이야기에서 나왔는데 여기서 고래는 홉스Thomas Hobbes가 1651년에 펴낸 책 『리바이어던, 혹은 교회 및 세속적 공동체의 재료와 형태 및 권력』Leviathan, or The Matter, Forme and Power of a Common-Wealth Ecclesiastical and Civil을 가리킨다).

---

[2] 앵글리칸 처치는 16세기에 교황 클레멘스 7세가 영국 국왕 헨리 8세의 혼인 무효 승인을 거절하자 로마의 간섭을 거부하고 나온 교파로 초창기에는 영국 국교회와 동일시되었으나 시간의 흐름을 거치며 '성공회'라는 전 세계적인 개신교 교파로 자리매김했다. 그러므로 앵글리칸 처치는 '영국 국교회'로도 번역할 수 있고, '성공회'라고 번역할 수도 있으나 이 책의 맥락에서 강조하는 것은 앵글리칸 처치의 국교회적 성격이므로 '영국 국교회'로 번역했다.

신성로마제국에서 일어나 훗날 종교개혁이라 불리게 된 사건은, 근대화와는 끝내 결합하지 못했고 중세의 범위 안에 머문 사건이었다고 앞서 말한 바 있다. 한편 종교개혁은 새로운 형태의 신학을 낳았다는 사실 또한 언급했다. 중세가 저물고 근대가 시작되면서 두 번째로 살필 시기는 17세기다. 16세기 종교개혁은 근대 세계와 분명한 연속성을 갖고 있지는 않다. 이와 견주었을 때 17세기에 근대가 시작되었다는 이야기는 여러 측면에서 한결 분명해 보이며 논의 또한 많다. 오늘날 이러한 주장을 예전만큼 적극적으로 지지하는 사람은 없지만 말이다. 적어도 이 시기 우리는 근대의 맹아, 혹은 서유럽에서 시작되어 미국까지 나아간, 그리스도교가 축조해 낸 새로운 사회 구조의 모습을 확인할 수 있다.

17세기 잉글랜드와 그 주변 나라에서 일어난 혁명은 시민혁명, 청교도혁명, 영국혁명 등 다양한 이름으로 불린다. 어떠한 명칭으로 불리든 간에 이 사건을 1642년 영국 의회에서 국왕파와 의회파 사이에서 일어난 군사 대립부터 시작해 이른바 '명예혁명'(1688~89)에 이르는 과정으로 본다면 반세기에 가까운 기간 일어난, 실로 긴 세월에 걸쳐 일어난 사건이라 말하지 않을 수 없다.

이 일련의 사건들을 어떻게 해석해야 할지에 대해서는 이른바 휘그사관Whiggish historiography을 비롯하여 크리스토퍼 힐Christopher Hill을 대표로 하는 마르크스주의적 유물사관, 젠트리Gentry 논쟁, 역사학자 휴 트레버 로퍼Hugh Redwald Trevor-Roper와 에릭 홉스봄Eric John Hobsbawm이 주도한 '17세기 위기논쟁', 1970년대 이후 등장한 이른

바 '수정주의' 견해 등 다양한 논쟁과 해석이 이루어지고 있다.[3,4,5,6]

---

3   '국왕과 의회의 갈등', '궁정과 지방의 갈등'이라는 불가피한 여러 요인들 가운데 발생한 영국 혁명은 그 해석 가운데도 두 관점이 대립했다. 이른바 토리사관은 영국 혁명을 '혁명'이 아닌 '반란'으로 규정했다. 즉 국왕 주권 하의 '혼합군주정'이 영국의 기본적인 국제國制라는 관점에서 혁명을 설명한 것이다. 이러한 토리사관은 18세기를 주도하였는데, 19세기 중반부터는 휘그파의 '휘그사관'Whiggish historiography, Whig history으로 그 중심이 옮겨 간다. 이들은 의회정치의 우월성을 강조하면서 영국사를 전제적 군주정과 개인의 자유권을 옹호하는 의회 간의 정치 투쟁 과정으로 보았다. 대표적 휘그사가인 가디너S.R. Gardiner는 영국 혁명이 정치, 종교적 자유를 얻기 위한 투쟁이었고 그것을 수행한 이념이 청교도주의Puritanism였다고 강조했다. 하지만 훗날 휘그사관도 비역사적 서술방법으로 인해 비판받게 된다.

4   크리스토퍼 힐(1912~2003)은 영국의 역사학자다. 옥스퍼드대학교의 베일리올 칼리지에서 역사학을 공부했으며 베일리올 칼리지에서 역사학을 가르쳤다. 공산주의 역사가 모임을 만들어 계급투쟁의 관점으로 역사를 보는 마르크스주의 사관을 영국에 소개했으며 17세기 영국 역사에 관해 높이 평가받는 저작들을 남겼다. 주요 저작으로『영국혁명, 1640』The English Revolution, 1640, 『혁명의 세기, 1603~1714』The Century of Revolution, 1603-1714, 『밀턴과 영국 혁명』Milton and the English Revolution 등이 있다.

5   휴 트레버 로퍼(1914~2003)는 영국의 역사학자다. 차터하우스 스쿨과 옥스퍼드대학교 머튼 칼리지에서 고전어와 근대사를 공부했다. 1957년부터 옥스퍼드대학교에서 역사학을 가르쳤으며 1980년부터 87년까지 케임브리지대학교의 피터하우스 칼리지 학장을 지냈다. 초기 그리스도교 역사부터 17세기 영국사까지 다양한 시기에 관한 역사적인 저작을 썼으며 히틀러 전문가로도 알려져 있다. 주요 저작으로『대주교 로드』Archbishop Laud, 『히틀러의 마지막 날들』The Last Days of Hitler, 『그리스도교 유럽의 발흥』The Rise of Christian Europe, 『유럽의 마녀 열풍』The European Witch Craze 등이 있다.

6   에릭 홉스봄(1917~2012)은 영국의 유대계 역사학자다. 케임브리지대학교 킹스 칼리지에서 역사를 공부했으며 1970년 런던대학교 버크벡 칼리지의 경제사 및 사회사 교수가 되어 1982년 은퇴했다. 은퇴 후에도 영국 학술원과 미국 예술과학 아카데미의 특별 회원, 버크벡 칼리지 명예 교수로 활동했다. 20세기 마르크스주의 역사학자 중 가장 뛰어난 역사학자로 손꼽히며 폭넓은 시각과 사료 분석으로 다양한 시기를 다룬 역사 저작을 펴냈다. 주요 저작으로『혁명의 시대』The Age of Revolution: Europe 1789-1848(한길사), 『자본의 시대』The Age of Capital: 1848-1875(한길사), 『제국의 시대』The Age of Empire: 1875-1914(한길사), 『극단의 시대』Age of Extremes: the short twentieth century, 1914-1991(까치글방)이 있다. 이외에도 한국에『역사론』(민음사), 『저항과 반역 그리고 재즈』(영림카디널), 『폭력의 시대』(민음사) 등이 소개된 바 있다.

여기서 17세기 영국의 기나긴 혁명 시기에 일어난 사건 하나하나를 살펴보거나 해설하지는 않을 것이며 그 해석사를 소개하지도 않을 것이다. 주목해야 할 것은 17세기 영국에서 일어난 사회 변혁 가운데 교회가 어떤 역할을 수행했는지, 혹은 신학이 어떠한 역할을 감당했느냐는 것이다. 결론부터 말하면 16세기 유럽 대륙에서 일어난 종교개혁 신학은 내셔널리즘과 결합한 보수적인 정치이론이 되어 버렸지만, 17세기 영국에서는 시민혁명, 혹은 사회 변혁의 이론으로 그 임무를 수행했다. 이를 통해 우리는 신학이 사회를 유지하는 이론일 수 있지만, 사회를 전환시키기 위한 이론으로도 활용될 수 있음을 볼 수 있다.

영국 국교회와 청교도

청교도Puritan라고 불리는 그리스도교 집단은 17세기 영국에서 매우 중요한 비중을 차지하는 집단이다. 이들을 한마디로 정의하기란 어려운 일이지만, 논의를 전개하기 위해 단순하게 유형화해 보면 로마 바티칸에서 자립한 이른바 '영국에만 존재하는 가톨릭교회'에 맞서 영국 안에서 일어난 종교개혁 세력을 가리킨다. 이들은 유럽 대륙에서 일어난 종교개혁, 즉 루터의 종교개혁이나 그다음 세대인 장 칼뱅Jean Calvin이 행한 개혁에 대해서 알고 있었다.

많은 사람은 '영국에만 존재하는 가톨릭 교회' 즉 영국 국교회를 헨리 8세Henry VIII와 아라곤의 캐서린Catherine of Aragon의 이혼 문제가 발단이 되어 탄생한 교회로 알고 있다. 당시의 로마 교황인 클레멘스 7세Clemens VII가 헨리 8세와 캐서린의 이혼을 허락하지 않았으나 헨리 8세는 이를 거부하고 영국 교회를 로마로부터 독립시켰다는 것이다. 그러한 면이 전혀 없다고는 할 수 없지만 유럽사 전체를 놓고 보면 문제는 좀 더 복잡하다. 아라곤의 캐서린의 조카는 신성로마제국의 황제 카를 5세Karl V였고 그는 클레멘스 7세의 뒤에서 그의 결정을 조종하고 있었다. 또한 헨리 8세는 자국의 성직자들이 갖는 공적인 독립성, 교황에게 청원할 수 있는 권리 등에 대해 상당한 불만을 갖고 있었다. 1534년 공포된 국왕지상법Act of Supremacy, 國王至上法, 즉 수장령首長令은 이러한 복합적인 문제의 결과였다.

헨리 8세의 결단으로 만들어진 영국 국교회는 처음에는 종파적으로 가톨릭이었으며 다만 로마와의 연결이 끊긴, '영국에만 있는 가톨릭 교회'였다. 영국 국교회가 본격적으로 종교개혁의 영향을 받기 시작한 것은, 즉 프로테스탄트화가 시작된 것은 헨리 8세의 아들 에드워드 6세Edward VI 때의 일이다. 그는 1549년에 유명한 『공동기도서』Book of Common Prayer를 국가사업으로 편찬했고, 예배 또한 종교개혁을 따라 개혁했다. 하지만 그 후에는 왕이 바뀔 때마다 로마 가톨릭으로 회귀하기도 했다가 다시금 프로테스탄트화가 진행되는 등 종교적으로 어지러운 상황이 이어졌다.

여기서 세계사 시험을 준비하듯 어느 왕이 어느 종파였는지 따위의 내용을 기술하고 싶지는 않다. 우리가 주목할 것은 앞의 과정을 거쳐 탄생한 영국 '국교회'라는 제도의 의미다. '국교회'國敎會 제도에는 다양한 베리에이션variation, 즉 변주變奏나 변이變異 과정이 있어서 모든 시대와 모든 지역에 똑같은 국교회가 있지는 않았다.

하지만 한 나라가 하나의 교파(종파)만을 보호한다는 점에서 국교회는 공통점을 갖는다. 당시 영국의 경우에는 국왕이 교회의 수장임을 천명했고 의회도 엘리자베스 여왕을 '신앙의 수호자'라고 결의했다. 종교가 국영화되었다는 점, 바로 이 점이 중요하다.

이는 국가가 '종교 시장'을 독점한 것이라고 말해도 좋을 것이다. 그 종교, 혹은 교파가 로마 가톨릭이든, 프로테스탄트든 간에 국교회 제도는 '왕의 신앙'을 국민에게 강제하고 국민은 왕이 다니는 교파의 교회에 다니지 않으면 안 된다. 그렇기에 이 시대 영국에 있던 '교구'敎區라는 개념을 (국교회 제도가 없는) 우리의 상황에서는 연상하기 힘들다. 하지만 이와 비슷한 것으로 초등학교 보낼 때 '학군'을 생각해 보면 좋을 것이다. 초등교육은 의무이기 때문에 사립초등학교를 지망하지 않는 이상, 거주하는 지역의 학군에 속한 초등학교에 강제로 다녀야 한다. 한편으로는 소방서, 경찰서, 세무서 등이 설치된 행정구역 개념을 연상해 보는 것도 좋겠다. 교구는 위에 소개한 기관처럼 교회가 일정 지역에 교회를 배치함으로써 오늘날 행정구 비슷한 역할을 했다고 생각하면 된다. 국교회에서는 인구나 역사적 유래에 근거해 교구를 설치한 뒤, 그곳에 성직자를 배치해 교회를 운영한다. 사람들은 자신이 속한 지역에 교회가 있으면 그 교회에 다녀야 하며 다른 교회는 선택할 수 없다. 물론 어떤 성직자가 주임 사제가 되느냐에 따라 교회의 분위기는 달라지겠지만, 그렇다 하더라도 평신도가 성직자의 지도를 따라야 한다는 점은 변하지 않는다. 교구에서 발령한 성직자이기 때문이다. 그러므로 평신도가 성직자와 견해를 달리 한다 하더라도 이에 이의를 제기하거나 교회를 바꾸기란 한계가 있다. 당시 영국 국교회는 그러했다. 물론 이는 대륙에서 루터파든 로마 가톨릭이든 국교회를 채택한 곳은 어디서나 마찬가지였다.

이러한 가운데 청교도가 등장했다. 이 맥락에서 그들은 영국 국교회 체제에 비판적인 이들이었다. 이들은 주민, 지지자들과 협력해 국교회 체제를 바탕으로 둔 교구 안에 또 다른 교회를 만들었고 그곳에 목사를 두었다. 때때로 과격한 방법을 동원해서라도 국교회 체제에서의 자립을 도모한 것이다. 이는 공립초등학교들이 모여 있는 학군에 사립초등학교를 만들어 이와 경쟁하는 것과 비슷하다. 별도의 교회를 만들고 그곳에 가는 것은 자신들의 이상이나 신념에 맞는 초등학교를 따로 만드는 것, 자신들의 신념에 맞는 학교를 선택해 그곳에 아이의 교육을 맡기는 것에 견줄 수 있다. 영국 국교회와 청교도의 관계가 그러했다.

공립초등학교와 사립초등학교의 대비를 좀 더 사용해 영국 국교회와 청교도를 비교해 보겠다. 공립초등학교는 기본적으로 수업료가 무료다. 국가에서 보장하는 의무 교육이기 때문에 학교는 국가의 세금으로 유지된다. 별도의 입학시험이 없으며 해당 지역에서 태어나 일정한 연령이 되면 누구나 입학할 수 있다. 또한 전국 어디에서든 공립초등학교에서는 동일한 교육 프로그램을 운영한다. 이와 견주었을 때 사립초등학교는 일정한 뜻을 공유하는 이들이 모여 설립한 학교다. 그렇기에 운영 자금도 학교 이념에 공감하는 이들, 이 학교에 들어가고자 하는 이들이 운영비 부담을 져야한다. 학비는 비쌀 수밖에 없으며, 입학 조건 또한 다양한 방식으로 생길 수밖에 없다. 사립초등학교에 들어가기 위해서는 그 초등학교가 요구하는 학습 능력, 자격, 교육 이념에 대한 동의가 필요하다. 교육 내용에서는 공립과 큰 틀에서 유사할지라도 고유한 프로그램이 좀 더 사람들에게 부각된다.

공립초등학교에서 공통된 교과서를 사용하듯 영국 국교회에서도 공통된 기도서인 『공동기도서』를 사용하며, 동일한 형식의 예배를 드렸다. 국교회 체제에서 한 지역에서 태어나면 그 사람은 곧바로 그 지역 교회에서 세례를 받아 국교회의 구성원이 되고 다른 곳으로 이사하지 않는 한, 평생을 그 교회를 다니다 죽으면 그 교회 묘지에 묻힌다. 여기서 본인의 의지는 큰 비중을 차지하지 않는다. 하지만 청교도의 경우 (특히 국교회에서 완전히 벗어나 급진적인 개혁을 실행한 이후에는) 자발적인 결사체이기 때문에 교회 가입에서 본인의 의지가 커다란 비중을 차지한다. 이러한 흐름 가운데서 자신의 의사와 관계없이 세례를 받는 유아세례를 인정하지 않는 교회, 이른바 '재세례파'再洗禮派, Anabaptist가 등장한 것은 그리 놀라운 일이 아니다. 또한 구성원들이 자발적으로 교회 공동체를 이루어 유지하기 때문에 목사의 생활을 책임지는 일 또한 교회 구성원들에게 부과되며 그렇기에 참가자 전원이 교회에 헌금을 하였다. 이렇듯 완전한 사립인 청교도 교회는 참가자의 부담이 크지만, 만족도나 교회에 대한 열성 역시 다를 수밖에 없다.

사목자(목회자)의 의식도 다르다. 국교회는 나라든 지방 영주들이 어떻게든 생활을 보장하는 구조를 갖고 있다. 그래서 국교회 성직자들은 일정한 신분을 보장받고 어느 정도 안정된 생활을 누리며 자신이 맡은 일을 할 수 있었다. 세속화가 이루어진 오늘날에도 이러한 흔적은 유럽 몇몇 국가에 남아 있다. 국교회 흔적이 남아있는 곳의 경우 사목자들의 급료는 일정한 급여표를 따라 지급되며, 전국 어느 교회의 관할 사제가 되더라도 받는 급여에는 별다른 차이가 없다. 이와 달리 청교도 교회에서 활동하는 목사는 생활 보장이 확실하지 않다. 교회의 구성원들이 내는 헌금으로 교회의 모든 활동을 유지하다 보니 교회가 작을 경우 목사의 생활을 보장해 주지 못한다. 물론 교회가 큰 경우에는 국교회 체제보다 훨씬 더 풍족한 생활 조건을 보장할 수도 있다. 그러므로 청교도 교회(혹은 이와 유사한 형태의 교회)에서 활동하는 목사는 자발적인 민간단체가 그러하듯 조금이라도 교회를 양적으로 성장시키기 위해, 구성원의 수를 늘리기 위해 애를 쓴다. 국교회 체제, 혹은 이와 비슷한 방식의 제도교회에 속한 사목자들은 이러한 의식을 갖고 있지 않다. 그보다 그들이 중시하는 것은 자신들이 맡은 임무를 하루하루 완수하는 것이다. 공립초등학교의 교장이 해야 할 일은 학생 수를 늘려학교 규모를 확대하는 것이 아니라 학교(더 나아가 국가)에서 정한규칙과 과제를 적절히 완수하는 것인 것처럼 말이다.

청교도 교회의 등장은 국교회가 독점하던 종교 시장에 균열이 났음을 뜻한다. 좋게 보면 국가가 사실상 독점하고 있던 시장에 새로운 민간 업체가 도전장을 내민 것에 견줄 수도 있다. 일본에서도 철도, 통신사, 우체국, 전매공사의 민영화와 같은 유사한 사례들이 있다. 영국 국교회의 경우 시초부터 국가 차원의 지원이 있었기에 자유롭게 경쟁을 한다 해도 시장 구조는 청교도 교회에게 불리했다. 게다가 국교회는 법으로 강제력을 행사할 수도 있었다. 당시 청교도 교회들은 이른바 불법 단체였기 때문에 자신들의 방식으로 예배드리는 경우 단속의 대상이 되었다. 국교회 체제에서 이들은 국교회라는 종교시장 독점 상황을 파괴하는, 자신들을 지지하는 구성원들을 늘리고 이를 확고히 하려는 불순분자들로 보일 수밖에 없었다.

청교도들은 훌륭한 예배당을 갖고 있지 않았으므로(한편으로는 당국에 적발되지 않으려고) 주일 오후 한적한 펍pub(영국식 선술집)이나 소규모 공간에서 예배를 드리는 일이 많았다. 그들은 예배를 열정적으로 드렸는데, 그중에서도 가장 중시한 것은 충실한 주일 예배, 그중에서도 목사가 전하는 설교였다. 청교도들은 이를 통해 국교회 교회에 가는 것보다 자신들의 교회에 오는 것이 더 경건하고 얻는 것이 많다고 여기게 하려고 애썼다. 이러한 방식으로 그들은 당시 국교회라는 독점 상태에 균열을 내고자 노력했다. 불법, 위법이라고 비난받더라도 "좋은 것은 좋은 것"이다. 승부처는 '서비스'였다. 영어로 예배는 '하느님에 대한 섬김'이라는 뜻에서 서비스service라는 말을 쓴다. 청교도들은 '하느님에 대한 섬김'뿐만 아니라 '교회 구성원들에 대한 섬김'에도 커다란 비중을 두었다. 그래서 사람들이 교회에 오면 확실하게 이해할 수 있는 말로 이야기하고 만족감을 얻은 뒤 돌아갈 수 있게 하는 데 집중했다. 아무리 예배가 반복해서 드리는 것이라지만 아무런 노력도 기울이지 않는다면 공적 자금으로 세운 교구 교회라도 참석자가 줄어드는 것은 당연하다. 17세기 영국에 등장했던 청교도들이 행한 것은 종교라는 시장을 민영화, 자유화, 시장화하는 첫 번째 시도였다. 이는 자유 경쟁을 의미했으며 그리스도교 언어로 '전도'의 중요성을 부각시켰다.

이러한 변화에 주목한 이들은 17세기 영국에서 근대 사회 구조가 시작되었다고 보았다. 19세기 말부터 20세기 초까지 많은 이가 이러한 견해를 내놓았는데 이후 이는 승리주의적 휘그사관이라는 비판을 받지만 나는 여전히 이러한 견해가 일리가 있다고 본다. 물론 여기서도 근대의 모든 측면을 확인할 수는 없다. 청교도들이 등장했다고는 하나 영국의 종교 시장이 완전히 민영화된 것은 아니기 때문이다. 국교회 제도는 여전히 남아 있었으며 경쟁을 한다 할지라도 이를 보장하는 사회 구조가 구축되지 않았다. 현대 사회 구조를 분석하고 그 기원을 찾는 일은 흥미로운 작업임이 분명하지만, 이는 때때로 완고한 '정통주의'를 낳을 수도 있다. 현 구조의 정당함을 주장하기 위해 과거 특정 사건을 현대의 시점에서 원용할 위험이 있는 것이다.

그럼에도 불구하고 17세기 새로운 프로테스탄트로 등장한 청교도는 16세기 아우크스부르크 종교화의 때와는 분명한 차이를 드러냈다. 어느 쪽에서든 다른 교파(종파)와의 병존 상황을 발견할 수 있지만, 16세기 유럽 대륙의 경우는 대부분 국교회의 형태로 나타났다. 이와 견주었을 때 청교도는 국교회와 대치되는 자발적 결사의 맹아를 보여준다. 이들의 잠재성은 훗날 그들이 미국이라는 새로운 국가를 건설할 때 그 진가를 발휘했다. 이 내용에 대해서는 제7장에서 살펴볼 것이다.

청교도의 등장과 신학의 성격 변화

이러한 사회의 변화 가운데 신학은 새로운 성격을 갖게 되었다. 이 시기 신학은 서유럽 혹은 그리스도교 사회 전체, 혹은 잉글랜드 전체를 대상으로 하거나, 그 사회의 도덕적 기반이나 정통성을 지탱하는 역할을 멈추고, 오히려 그러한 사회의 정통성을 비판하며 사회를 변혁하는 이론으로 변모했다. 대륙의 신학은 내셔널리즘과 결합한 반면, 청교도의 신학은 혁명 이론과 결합한 것이다.

일례로 그리스도교의 천년왕국설Millenarianism에 관한 해석을 들 수 있다. 천년왕국설은 신약성서 요한의 묵시록 20장 서두에 나오는 이 세상의 마지막 순간, 즉 종말의 때에 관한 설명이다. 천년왕국설을 따르는 이들은 이 세상의 종말이 오기 전에 그리스도가 재림해 이 세상을 직접 통치하는 기간이 천 년 동안 이어진다고 말한다. 하느님 나라가 도래하기 전 단계라 할 수 있는 이 시기에 의인들은 그리스도와 함께 세상에 남아있는 악의 잔당들과 싸운다. 그리고 이 시기가 끝나갈 무렵에는 옴 진리교ォゥム眞理教 사건 이후 일본에서도 널리 알려진 '아마겟돈'Armageddon이라 불리는 마지막 싸움이 일어난다(묵시 16:16). 이 최후의 싸움에서 의로운 그리스도의 세력은 세상에 남아있는 반反그리스도 세력을 완전히 멸하며 '최후의 심판'이 이루어진 뒤에 비로소 하느님 나라(천국)가 도래한다. 결국 천년왕국은 쉽게 말하면 이 세상 종말의 전초전, 이 세상의 종말을 알리는 표시인 것이다. 서유럽 사람들은 서기 1,000년이 도래하는 해에 이러한 천년왕국이 오지 않을까 생각했고 서유럽 각지에서 이 시기를 '종말의 해'라고 믿은 사람들이 다양한 사회적 공황 현상을 일으켰다.

물론 천년왕국설은 그리스도교 교회의 공식 교리는 아니며 성서에 대한 해석에서 나온, 종말에 관한 하나의 심상, 다양한 이론 중 하나다. 중세까지 주류 교회에 비판적인 견해를 취한 이들, 혹은 교회에서 이단으로 규정한 많은 이가 이러한 천년왕국설에 대한 믿음을 갖고 있었다.

천년왕국설에 대한 접근 방식은, 크게 두 가지로 나뉜다. 하나는 이미 천년왕국은 시작된 것이라는 생각이다. 따라서 중세의 한가운데인 서기 천년이 왔을 때, 천년 왕국이 마침내 끝나 버릴 것이라고 동요하는 사람들이 많았던 것이다. 이러한 생각은 주류 교회 가운데서도 존재하였으며, 실제로는 교회의 권위를 강조하기 위한 보수파의 논리로도 활용되었다. 그 활용의 근거는, 이미 천년왕국이 시작되었다고 말하면, 그리스도와 함께 이 세상을 지배하고, 反그리스도로서의 악한 세력과 싸우는 것이 다름 아닌 '기존' 교회로 자연스럽게 설정되었기 때문이다.

다른 하나는 천년왕국이 아직은 시작되지 않았으나 곧 도래한다는 생각이다. 이 생각에 따르면 그리 멀지 않은 시점에 그리스도와 함께 이 세상을 수습하는 사람들이 등장한다. 이렇게 되면 천년왕국설은 기존 교회를 비판하는 변혁의 이론으로 탈바꿈하게 된다. 혁명을 이야기하는 사람들을 뒷받침하는 가르침이 되는 것이다. 중세 시대의 교회가 머지않아 천년왕국이 도래한다고 주장한 이들, 그와 유사한 이들을 이단으로 규정한 이유는 이 때문이다.

근대 이후 혁명 이론에도, 후자의 사상은 그림자처럼 붙어 있었다. 이와 관련해서는 인류학자 노만 콘Norman Rufus Colin Cohn이나 철학자 에른스트 블로흐Ernst Bloch가 널리 알려져 있는데 이들은 마르크스의 공산주의 혁명 사상이나, 프롤레타리아 계급을 혁명의 수행자로서 강조한 사상 등이 천년왕국설의 구조와 완전히 겹친다고 지적했다.[7,8] 이들에 따르면 착취와 불평등을 낳는 자본주의 사회를 끝내고 공산주의 세계가 도래한다는 생각은 사악함과 부정부패가 지배하는 이 세상이 종말을 고하고 하느님 나라(천국)가 도래한다는 그리스도교의 종말론과 크게 다르지 않다. 종말 이전 천년왕국 시기에 그리스도와 함께하는 이들은, 공산주의 사회 도래 이전, 혁명의 전위대로서 존재한 프롤레타리아 계급과 겹친다.

---

[7] 노만 콘(1915~2007)은 영국의 유대계 역사학자이다. 옥스퍼드대학교 크라이스트 처치에서 공부했으며 스코틀랜드, 아일랜드, 잉글랜드, 미국, 캐나다 등지에 있는 대학교에서 역사를 가르치다 서식스대학교의 교수가 되었다. 중세 정신사 및 종교개혁 시기와 관련된 다양한 저작을 남겼다. 주요 저작으로 유대인 역사학자로서, 중세 정신사 연구에 업적을 많이 남겼다. 주요 저작으로『천년왕국의 추구』The Pursuit of the Millennium,『유럽 내면에 있는 악마』Europe's Inner Demons,『우주, 혼돈, 그리고 다가올 세계』Cosmos, Chaos and the World to Come 등이 있다.

[8] 에른스트 블로흐(1885~1977)는 독일의 유대계 철학자다. 뮌헨대학교, 뷔르츠부르크대학교에서 철학, 물리학, 음악을 공부했고「리케르트와 근대 인식론의 문제에 대한 비판적 해명」이라는 논문으로 박사 학위를 받았다. 제2차 세계대전 때 스위스, 오스트리아, 프랑스, 체코슬로바키아, 미국을 돌아다니다 1949년 동독으로 돌아와 라이프치히대학교의 철학 교수가 되었다. 철학, 정치경제학, 신학, 문학, 사회학, 역사학, 정치학, 법철학, 예술 등 폭넓은 분야에서 수많은 저작을 남겼으며 마르크스주의자이며 무신론자를 자처했음에도 불구하고 위르겐 몰트만, 도로테 죌레와 같은 그리스도교 신학자들에게 커다란 영향을 미쳤다. 주요 저작으로『희망의 원리』Das Prinzip Hoffnung(열린책들),『유토피아의 정신』Geist der Utopie,『혁명의 신학자 토마스 뮌처』Thomas Müntzer als Theologe der Revolution 등이 있으며 한국에는『저항과 반역의 기독교』(열린책들),『자연법과 인간의 존엄성』(열린책들),『서양 중세, 르네상스 철학 강의』(열린책들)이 소개된 바 있다.

청교도에서도 급진적인 집단이 생겼는데 그들이 급진적이면 급진적일수록 천년왕국설과 유사한, 혹은 천년왕국설에 바탕을 둔 종말 사상을 정치 비전과 결합하는 것 또한 강해졌다. 이는 신학이 보수적인 이론으로 국가와 결합할 수 있을 뿐만 아니라, 기존의 정치 체계를 파괴하는 혁명이나 개혁 이론과도 결합할 수 있음을 잘 보여준다.

그 전까지 그리스도교 신학은 사회에서 교회의 입장을 대변하는 것이었다. 앞서 말했듯 신학의 성립은 종말에 관한 물음과 깊은 관련을 맺고 있었기 때문이다. '지연되는 종말의 도래 때까지 인간은 무엇을 하고 있어야 하는가?'라는 물음에 대한 답을 그리스도교는 '교회에서 지내면서 종말을 기다려야 한다'에서 찾았다. 예정대로 종말이 오면 하느님 나라의 잠정적인 조직, 공동체로서의 교회나 그리스도교라는 종교는 사라진다. 종말이 없다면 '언제까지, 무엇을 하면서 기다려야 하는가?'라는 물음은 애초에 생기지 않았을 것이다. 신학은 이러한 종말에 대한 물음 가운데서 태어난 것이다. 그러나 신학이 종말에 관한 물음에 답하고, 종말이 일어날 때까지 교회나 그리스도교의 역할에 대해 다양한 논의를 전개하면 할수록 사람들은 종말을 망각했다. 그 결과 하느님 나라의 도래에 대한 교회의 언급도 줄었다. 이러한 와중에 종말을 이야기하는 이들은 교회나 기존의 종교 체제를 부정하는 이단자로 낙인찍히기 십상이었다.

청교도 혁명처럼, 그리스도교 안에서 기존 교회 제도를 비판하거나 종교 체제를 혁신하려는 움직임이 일어날 때 변화를 말하는 이들은 기존 제도의 부패함과 타락함을 지적하기 마련이다. 그리고 바로 이 비판은 곧잘 천년왕국설과 결합된다. 그래서 많은 경우 천년왕국설을 이야기한 사람들은 기존 교회의 가르침인 교리나 신조, 신학에도 회의를 느끼며 비판을 가했다. 그들은 그때까지의 교리, 신조, 신학이 교회가 스스로를 합리화하기 위해 만들어낸 것들일 뿐이며 참된 신앙을 살기 위해서는 교회라는 제도와 그 산물들을 뛰어넘어 예수의 가르침을 직접 살펴봐야 한다고 말했다. 이렇게 예수에게로, 좀 더 정확하게는 성서 기록으로 되돌아가려는 시도들이 이어졌고 17세기 이른바 '성서주의'라는 신학이 탄생했다. 성서에는 주로 하느님 나라의 도래가 가까웠다고 생각하던 초창기 그리스도교 공동체 사람들의 생각이 담겨있기 때문에 이를 그대로 따르려는 '성서주의' 신학은 현세와의 타협이나 이 세상에서 어떻게 살아가야 하느냐는 구체적인 이야기를 하지 않는다. 대신 이 세상과 명확하게 선을 긋고 이 세상을 향해 강한 비판을 토해 내는 것도 사실이다. 이처럼 근대에 접어들면서 신학의 성격은 중세의 흔적들을 지워가며 크게 변화하기 시작했다.

제6장

레 미제라블 - 프랑스 혁명과 신학

교회적이지는 않지만, 종교적인 그리스도교의 등장

중세의 끝과 근대의 시작 즈음에 등장한 세 번째 신학 모델을 낳은 핵심 사건은 18세기 프랑스 혁명이다. 그리고 여기에는 중세가 1789년 프랑스 혁명으로 결정적인 종지부를 찍게 되었다는 뜻이 내포되어 있기도 하다. 프랑스 혁명을 중시하는 계몽주의자들은 이미 이러한 주장을 한 바 있으며 오늘날에도 많은 이가 프랑스 혁명이 촉발한 세속화가 그리스도교 유럽의 마지막 장면이 되었다는 견해에 동의한다. 그렇다면 그리스도교와 교회에 프랑스 혁명은 과연 어떤 의미를 갖는지를 신중하게 살펴볼 필요가 있다.

프랑스 혁명이나 계몽주의의 등장으로 인해 그리스도교 유럽이 사멸했다든지, 사람들이 종교라는 굴레에서 해방되었다는 주장은 과장이다. 이러한 과대평가는 일정한 오해에서 나온다. 프랑스 혁명과 계몽주의가 '교회'라는 제도를 약화했을지언정 사람들의 종교성이나 그리스도교라는 종교 자체를 약화한 것은 아니다. 분명 프랑스 혁명기부터 '세속화'가 본격적으로 이루어지기 시작했으나 이것이 곧바로 사람들을 종교에서 벗어나게 하지는 않았으며 사람들 사이에서 갑자기 종교성이 사라지지도 않았다. 이 사건의 일차적인 중요성은 교회 재산을 법률적으로 국유화했다는 데 있다.

프랑스 혁명이 당시 그리스도교, 교회에 어떠한 영향을 미쳤는지를 보여주는 대표적인 예는 소설 『레 미제라블』Les Misérables(1862)로 널리 알려진 빅토르 위고Victor-Marie Hugo다. 그는 프랑스 혁명(1789~1794)이 일어나고 10여 년이 지난 1802년에 태어났다. 같은 시대의 일본인 이타가키 다이스케板垣退助는 유럽을 방문해 프랑스에서 위고를 만난 적이 있다고 회고한 바 있다.[1] 이 정치적인 작가의 사상은 그가 남긴 유서에 잘 나타나 있는데 유서의 내용은 그뿐만 아니라 당시 사람들의 종교에 대한 생각을 대변한다.

나는 5만 프랑을 가난한 이들에게 기부한다. 또한 나는 가난한 사람들이 죽음을 맞이했을 때 이용하는 것과 같은 방법으로 묘지

---

[1] 이타가키 다이스케(1837~1919)는 메이지 시대의 정치가다. 일본에서는 자유민권운동의 주창자로서도 알려져 있다. 시코쿠 고치高知의 상류 계급 무사의 아들로 태어나 자란 그는, 보신 전쟁戊辰戰爭에서 도사번土佐藩 신충대迅衝隊의 총지령관으로 종군하였다. 세습 귀족제도에 반대해 메이지 천황明治天皇으로부터 백작으로 두 번 지명되었으나 모두 사퇴하였고, 세 번째 지명을 받아 본인의 의사와 관계없이 백작이 되었다. 1874년 4월 10일 그는 "3,000여만 명(당시 일본 인구) 모든 사람은 평등하므로 귀천존비貴賤尊卑의 구별이 없다. 사람은 모두가 … 스스로 생각해서 행동할 수 있는 자유가 있다"고 주장하면서 도사土佐에 릿시샤立志社를 창립했다.

에 옮겨지길 바란다. 나는 교회에서 나를 위해 기도하는 것을 거절한다. 그러나 모든 개인이 나를 위해 하는 기도는 기꺼이 감사하는 마음으로 받겠다.

위고의 유언에 담긴 메시지는, 프랑스 혁명 이후 등장한 계몽주의자의 전형적인 모습을 보여준다. 그는 장의나 전통적인 매장, 혹은 개인의 기도는 부정하지 않는다. 그렇다면 왜 구태여 "교회에서 나를 위해 기도하는 것을 거절한다"고 쓴 것일까? 여기에는 어떠한 생각이 담겨 있는 것인가? 간단히 말하면 종교는 부정하지 않되 교회라는 제도는 부정하는 것이다. 그리고 이것이 프랑스 혁명 이후 그리스도교에서 일어난 사상적 변화다. 교회라는 제도를 부정하는 그리스도교가 등장한 것이다. 18세기 계몽주의는 종교 자체를 부정하지는 않았다. 독일의 계몽주의 사상을 포함해 계몽주의에는 풍부한 종교성이 담겨있다. 계몽주의자들이 비판을 가한 것은 그리스도교가 아니라 제도로서의 교회, 혹은 대학교의 신학부가 가진 권위였다.

프랑스 혁명 이후 신자들의 신앙은 교회라는 기존의 권위, 제도가 관할하는 것이 아닌, 신자들 각자의 문제로 사사화私事化되었다. 그리고 이는 그리스도교라는 '종교'를 조정하는 기관이 교회에서 국가로 넘어가는 것과 맥을 같이 한다. 프랑스 혁명 이후에는 이러한 형태의 그리스도교가 하나의 전형이 되었다. 사람들은 종교에 대한 관심은 잃지 않았지만 교회라는 제도는 거부했다. 오히려 종교에 대해 개인적 차원에서 더욱 깊은 관심을 지닌다 해도 그러했다.

이러한 계몽주의 신앙은 일본에서도 발견할 수 있다. 우선 '신앙 없는 사람의 기도'信仰のない者の祈り라는 표현을 통해 많은 사람의 공감을 얻었던 오에 겐자부로大江健三郎를 들 수 있다.[2] 오에의 대표작인 『타오르는 녹색 나무』燃え上がる緑の木(1995)와 1995년 옴진리교 지하철 가스 테러 사건을 다룬 장편소설 『공중제비』宙返り(1999), 그 밖에도 무라카미 하루키村上春樹의 작품 『1Q84』(2009)에도 그러한 종교성이 드러난다. 오에 겐자부로는 미국 평론가 수전 손택Susan Sontag과의 왕복 서간에서 말했다.[3]

---

[2] 오에 겐자부로(1935~)는 소설가로 제2차 세계대전 패전 이후 이른바 '전후 일본 세대'의 대표적인 작가로 평가받는다. 도쿄대학교 불문과 재학 당시 사르트르 소설에 심취했고 『사육』飼育이란 작품으로 아쿠타가와 상을 받았고 1967년에는 『만엔 원년의 풋볼』萬延元年のフットボール로 다니자키 준이치로 상을 받았다. 초기에는 전쟁 체험과 그 후유증으로 인한 인간 내면세계를 다루면서 동시에 사회비판적인 작품을 많이 썼다. 1994년 노벨 문학상을 받았는데, 이는 1968년 가와바타 야스나리川端康成 이후 일본인이 수상한 두 번째 노벨 문학상이었다. '전후 민주주의자'를 자처하며 일본의 천황제, 일본의 핵무기 보유나 자위대에 일관되게 비판적인 태도를 보였으며 천황이 수여하는 문화훈장과 문화공로상을 거부했다. 2006년에는 젊은 작가들에게 수여하는 오에 겐자부로 상이 제정되었다. 한국에는 『만엔 원년의 풋볼』(웅진지식하우스), 『익사』(문학동네), 『아름다운 애너벨 리 싸늘하게 죽다』(문학동네)등의 작품과 『읽는 인간』(위즈덤하우스), 『말의 정의』(뮤진트리), 『회복하는 인간』(고즈윈) 등의 에세이집이 소개된 바 있다.

[3] 수전 손택(1933~2004)은 미국의 비평가, 에세이스트, 소설가이다. 시카고대학교에서 철학과 고대사, 문학을 공부했으며 하버드대학교에서 박사 학위를 받고 컬럼비아대학교, 뉴욕 시립대학교 등에서 강의했다. 1960년대 미국의 '반문화 운동'을 대표하는 이론가로 평가받는다. 주요 저작으로 『해석에 반대한다』Against Interpretation, 『사진에 관하여』On Photography, 『은유로서의 질병』Illness as Metaphor, 『타인의 고통』Regarding the Pain of Others 등이 있으며 한국에는 앞의 저작들을 포함해 『다시 태어나다』(이후), 『인 아메리카』(이후), 『앨리스, 깨어나지 않는 영혼』(이후) 등이 소개된 바 있다.

저는 4년 만에 장편『공중제비』를 출간하려고 집필 중입니다. 이 작품의 주인공은 대재앙이 불어 닥치리라는 예감으로 자신이 교조敎祖가 되어 종교 집단을 만듭니다. 하지만 또 다른 세력에 포위되어 신앙을 포기하게 되고 자신을 배반했던 다른 신자들과 새로운 교회를 세우려 합니다. 저는 신앙을 갖고 있지 않습니다만, 소설을 쓰는 동안 제 안에 있는 신비한 그 무언가에 이끌리는 부분을 밝혀냄으로써 이에 대처할 수 있다고 생각합니다. -『폭력을 거역하며 쓰다』暴力に逆らって書く：大江健三郎往復書簡

오에가 묘사한 신앙은 실로 계몽주의적이다. 신비한 그 무언가에 끌린다는 표현은 종교적인 것에는 관심을 두지만, 제도로서의 종교에는 흥미가 없음을 뜻한다. 이를 달리 말하면 '교회 밖의 신앙', '교회를 혐오하는 그리스도교'라 할 수 있다. 이때 신앙이 머무는 곳, 신앙을 주관하는 것은 교회가 아니라 개인, 개인의 마음이다. 최근 '영성'Spirituality이 주목받는 것은 이와 맥락을 같이하며 위고는 이러한 현대의 선구자일지도 모른다. 1860년 6월 12일 쓴 편지에 위고는 다음과 같은 말을 남겼다.

모든 종교는 신을 재건하기 위해서 파괴되어야 한다. 이는 인간 안에서 신을 재건함을 뜻한다. 신은 곧 진리, 정의, 선, 권리이자 사랑이다.

프랑스 혁명은 그리스도교 신앙이나 종교를 부정하는 것이 아닌 '교회로 표현되는 그리스도교'를 부정하는 흐름을 낳았다. 그리고 (이상한 말로 들릴지 모르지만) 여기서 '교회 밖의 그리스도교', '교회를 혐오하는 그리스도교'가 탄생하게 되었다. 이후 그리스도교는 둘(기존의 교회적 그리스도교와 새로운 교회 밖의 그리스도교)로 나뉘어 병존하게 되었다. 그리스도교라 하면 매주 일요일 교회에 출석해 예배를 드리는 이미지만을 떠올릴지 모르지만, 어쩌면 오늘날 세계에는 더 많은 사람이 '교회 밖에 있는 그리스도교'에 속해 있는지도 모른다. '교회로 표현되는 그리스도교'를 지지하는 사람들을 혐오하면서 말이다.

그리스도교를 교회로부터 끊어내기

그렇다면 프랑스 혁명, 혹은 혁명정부는 어떻게 그리스도교를 교회로부터 떼어냈을까? 어떻게 그러한 일이 가능했을까? 중세에 지중해 연안에서 북상한 그리스도교 교회가 유럽을 그리스도교화하기 위해 행한 일들을 떠올려 보라. 거기에 단서가 숨겨져 있다. 프랑스 혁명정부가 행한 일은 다름 아닌 그리스도교가 유럽을 그리스도교화하며 행한 일을 뒤집는 것이었다.

교회는 중세라 불리는 세계의 구조를 만들기 위해 교회의 권위를 세우고 신학을 통해 명확한 구원 체계를 만들고자 애썼다. 천국에 확실히 들어갈 수 있는 길을 보증하는 작업의 시도였다. 하지만 계몽주의자들은 교회의 권위에 순응하지 않았으며 사람들에게 자기 스스로 판단하기를 권했다. 그들은 삶의 방식을 결정하는 것이 권위가 아니라 삶의 주체인 자기 자신이라고 보았다. 그렇기에 그들은 판단 기준 또한 (다른 이나 다른 기관의) 권위가 아닌, 인간 자신의 이성이라고 생각했다. 이에 근거해 혁명정부는 교회라는 권위를 가진 공간에서 예배하기보다는 자신의 이성을 신뢰하라고 외쳤다. 사상가 중 이를 주도한 대표적인 인물은 르네 데카르트René Descartes였다. 당시 이러한 이성 중시 풍조에 편승한 사람들은 그를 '신격화'하기까지 했다. 로베스피에르Maximilien de Robespierre의 공포정치 아래 이러한 주장은 점점 더 많은 사람의 지지를 받았다.[4] 이 또한 교회적이지는 않지만 종교적이었던 당시 사람들의 모습이었다.

앞서 중세 시기 인간이 교회라는 권위를 따라 살아가도록 이끈 힘과 원인으로 '시간'과 '죽음'의 통제를 이야기한 바 있다. 교회는 '시간'을 지배했으며 그리스도교는 달력과 절기 등을 통해 사람들의 생활 습관 자체를 그리스도교화했다. 1793년 혁명정부는 혁명력革命曆을 도입하였는데, 일차적으로 이러한 시도는 합리적인 십진법에 근거한 달력의 제정, 보급이라는 역사적 의의가 있다. 하지만 이렇게 새로운 달력을 도입하는 데에는 기존에 교회에서 쓰던 달력을 금지하는 것, 교회 절기를 따라 살아가던 사람들의 그리스도교적 생활 습관을 없앤다는 측면도 있었다. 혁명력의 도입과 함

---

[4] 막시밀리앙 드 로베스피에르(1758~1794)는 프랑스의 정치인, 법률가, 혁명가, 작가이다. 파리의 르 그랑 학원에서 수학한 후 1781년부터 변호사로 활동했고, 루이 16세 및 마리 앙투아네트 등 왕실에 반대하는 운동을 벌였다. 1789년 시민층의 지지를 받아 3부회 의원에 선출되고, 국민 의회에서는 제한 선거의 철폐, 봉건제 폐지, 영주와 귀족이 탈취한 토지반환 운동 등을 주관하였다. 자코뱅 당 창당에 참여했고 후에 당내 급진파의 지도자로 활약했다. 프랑스 대혁명 후 1793년 공안위원회를 장악했으나 1794년 테르미도르 반동 때 축출되어 처형당했다.

께 정부는 교회의 종을 몰수하고, 종을 울려 시간을 알리는 행위도 금지했다. 앞서 언급했듯 시時마다 종을 치는 것은, 그리스도교가 유럽을 그리스도교화할 때 자연의 지배로부터 사람들을 해방한다는 의미를 갖고 있었다. 일출과 일몰 등 자연이 알려주는 시간의 변화가 아닌, 교회의 종소리에 맞추어 교회를 따라 사람들이 생활하게 만든 것이다. 혁명정부는 여기에 칼을 댔다. 매일을 특정 성인의 기념일로 지정한 교회력도 폐지했다. 기존에 1주가 7일이었던 반면 혁명력은 1주가 10일이었다. 여기서는 그리스도교적인 의미의 일요일, 즉 주일이란 존재하지 않았다. 실행에 옮기지는 못했지만, 혁명정부는 사람들에게 회중시계를 배포할 계획까지 세운 바 있다. 교회 종소리를 따라 생활하는 것이 아니라 시민들이 각자 시계를 보고 시간을 관리함으로써 스스로 삶을 계획하고 지배하도록 한 것이다. 이렇게 혁명정부는 교회로부터 자립하는 삶의 길을 열었다.

혁명정부가 그리스도교를 교회라는 권위로부터 해방하기 위해 행한 또 다른 조치는 '죽음'을 관리하는 권한을 교회에서 빼앗은 일이다. 앞서 언급했듯 죽음을 지배하는 것은 중세 초기 교회가 유럽을 그리스도교화하기 위해 추진한 대표적인 일이었다. 교회는 죽음을 지배함으로써, 좀 더 구체적으로는 천국행 열차의 탑승권 판매를 독점함으로써 사람들의 삶을 지배할 수 있게 되었다. 삶과 죽음을 관장하던 당시 교회는 이 세상의 그 어떤 권위 있는 조직이나 사람보다도 커다란 힘을 가진 집단이었다. 누구든지 죽음을 맞이할 수밖에 없었고 그렇기에 누구도 천국을 강조하는 그리스도교, 삶과 죽음 이후 모두를 지배하는 교회의 권위에 거역할 수 없었다. 역설적이지만, 교회는 저 세상의 이야기를 많이 할수록, 혹은 초월적인 세계에 관한 이야기를 실감 나게 하면 할수록 이 세상에서 더 많은 힘을 얻었다. 신학이 초월적 세계에 대해 현실적이고 상세하게 설명하면 할수록, 지상에서의 신학에 대한 권위와 신뢰도 공고해졌다. 그렇기 때문에 '바늘 위에 천사는 몇 명이나 탈 수 있을까?', '에덴동산에서 인간이 타락하지 않았어도 그리스도께서 십자가에 달리셔야만 했을까?' 등과 같은, 현대인에게는 아무래도 상관없는 질문들까지도 진지하게 다루었던 것이다.

혁명정부가 교회의 권위 아래 있던 '죽음'을 되찾아 오는 것은 쉬운 일이 아니었다. 많은 사람이 교회의 가르침을 따라 살다가, 장례식을 거쳐 교회 공동묘지에 매장되는 과정은 천국 계단에 오르게 되는 과정으로 충분히 설명되고 있었으며 전체 과정이 공고하게 자리 잡고 있었기 때문이다. 그러다 정부는 이 구조에 균열을 낼 생각을 하나 떠올리게 되었다. 정부는 '교회에 의존하지 않는' 죽음, 교회의 권위를 따르지 않아도 이 세상과 천국을 연결하는 방법을 고안해 냈다. 그 구체적인 방안으로 정부는 오늘날 장례 회사와 같은 조직을 설립했다. 교회와 결합되지 않은, 죽음을 취급하는 전문직으로서 장의사 집단을 별도로 키운 것이다. 이들은 장의를 세속적인 업무로 다루었기에 이것이 확장되면 교회의 힘은 약해지고 더 나아가서는 인간이 살아가는 동안에 교회의 가르침과 명령을 따를 명분 역시 약해질 것이 분명했다. 전문적인 장의사의 등장은 '죽음'에 대한 교회의 독점 구조를 무너뜨렸다. 심지어 장의사

자격은 정부가 공인했다. 교회에 신세를 지지 않고도 죽음을 맞이할 길, 묘지에 매장될 길이 열렸다. 당시까지는 정착되지 않았지만 화장火葬 운동이 일어난 것도 이와 같은 맥락에서 이해될 수 있다. 화장은 매장을 전제한 교회 묘지를 무의미한 공간으로 만들어버리기 때문이다.

종교의 사사화로서의 세속화와 신학의 새로운 모습

이렇게 종교는 교회의 손아귀에서 벗어나 혁명정부의 통제 아래 놓였다. 국가는 종교를 부정하지 않았으나 공공 영역에서는 평등의 이념에 근거해 교회의 특권을 금지했다. 물론 이러한 변화가 일어났다고 해서 사람들이 신앙이나 종교성을 잃어버리게 된 것은 아니다. 프랑스 혁명으로 많은 귀족이 교회와 함께 권위와 힘을 잃었지만, 그중 상당수가 수도사나 선교사가 되어 세계 각지로 퍼져나갔다. 사람들은 자신의 종교를 버리지 않았다.

그렇다면 무엇이 바뀐 것일까? 앞서 언급한 것처럼 종교의 장소가 바뀌었다. 그리스도교는 '교회'에서 '인간', '인간의 마음'이라는 곳으로 장소를 옮겨 갔다. 인간의 내면, 혹은 마음은 근대 시기 가장 전형적인 '종교의 장소'다. 그 전까지 그리스도교는 그리스도교 세계 전체, 혹은 서유럽 전체, 한 국가 등 전체 사회의 공공성과 연관되어 있었으며 사회 전체의 윤리를 다루었다. 그러나 이제 새로운 그리스도교는 '개인'으로, '개인의 내면'으로 그 활동 장소를 옮겼고 이에 따라 신학도 새로운 모습을 갖추게 되었다. 그러면 중세의 흔적을 떨치고 변화를 이뤄낸 신학의 새로운 모습은 어디에서 발견할 수 있을까?

신학이 겪은 첫 번째 변화는 그리스도교가 공적 영역보다는 인간의 사적 영역으로, 인간의 내면으로 그 장소를 옮겨간 것처럼 신학 역시 개인화, 내면화한 것이다. 즉 어떻게 '내'가 '나의 인생'에서 하느님을 이해할 수 있는지에 관한 문제를 시작으로, 신앙을 가진 '나'는 물론 신앙을 갖지 않은 또 다른 개인들에게는 어떻게 하느님의 존재를 설명할 수 있을지를 심리학적으로 고민하게 되었다. 이러한 경향은 교회나 그리스도교 전통에 의존하지 않는 신학을 등장시켰다. 대표적인 것이 바로 신비주의다. 일반적으로 '신비주의'라 하면 인간이 황홀 상태에 빠져 신을 체험한다거나 오랜 명상 끝에 신을 인식하게 되는 심오한 종교체험을 떠올릴지 모른다. 하지만 신비주의는 그런 것이 아니다. 여기서 말하는 신비주의란 제도를 비롯한 그 어떤 매개도 거치지 않은 종교성을 말한다. 신비주의에서 다른 무엇보다 중요한 것은 이 '직접성'이다. 교회가 무엇이라고 말하든, 전통이 무엇이라고 말하든, 다른 사람이 뭐라고 하든 간에 신비주의에서 중요한 건 자기가 겪어 감지하는 신이다. 이제 신학의 과제는 인간의 어느 곳에 신과 종교가 머무는지를 설명하는 것, 눈에 보이지 않는 세계의 규칙을 따라 입증하는 것이 되었다.

신학이 겪은 두 번째 변화는, 신학theology이 종교학science of religion 으로 바뀌었다는 점이다. 이러한 변화가 프랑스 혁명 직후 곧바로 이루어졌다고 할 수는 없지만, 혁명 이후 종교가 국유화되고 이른바 '라이시테'Laïcité라 불리는 프랑스식 정교분리 개념이 정착되어

가는 과정에서 확대되었다.[5] 좀 더 구체적으로 기존의 신학과 비슷한 방식으로 그리스도교를 연구한다 할지라도 대학교는 이를 '신학부'가 아닌 '종교학부' 안에서 진행되도록 학제를 재편했다. 이에 따라 신학은 신을 탐구하는 학문이 아니라 '세계 종교에 포함된 하나의 종교로서의 그리스도교'에 관한 연구로 위치가 바뀌었다. 그 결과 교회와 연결되어 진행된 신학 연구도 변화를 겪을 수밖에 없었다. 이제 신학은 국가를 위한 학문도 아니었으며 사회의 정당성을 뒷받침하기 위한 학문도 아니었다. 신학은 개인, 인간의 종교성에 근거해 행해지는 연구, 유럽사에서 일정한 의미를 갖는 특정 종교로서의 그리스도교에 대한 역사적 연구로 다시 설정되었다. 이와 견주면 고전적인 신학은 교회라는 사적인 집단 내부에서 통용되는 가르침을 의미했으므로 국립대학교에서 가르칠 수 없는 학문이 되었으며 교회가 설립한 사립학교에서만 가르칠 수 있게 되었다. 오늘날에도 독일의 경우는 국공립대학교에 신학부가 있지만 프랑스의 국공립대학교에는 신학부가 없다. 유일한 예외는 1538년 개교한 스트라스부르대학교인데 여기에만 역사적인 환경과 지역성을 고려해 로마 가톨릭 신학부와 프로테스탄트 신학부가 설치되어 있다. 이는 신학의 성격이 공공재의 성격을 잃고 사사화했음

---

[5] 라이시테 혹은 라이시즘laïcisme은, 프랑스 및 프랑스 영향권 아래 있는 국가들에 퍼져있는 정교분리 사상이다. 간단하게 '프랑스식 정교분리'라고 말할 수 있지만, 한국어나 일본어로 라이시테를 정확하게 번역하기는 어렵다. 정치 이론으로서의 라이시테와 세속주의에는 차이가 있다. 라이시테는 정치와 종교를 분리하는 게 목적인 반면, 세속주의는 사람들의 삶 가운데서 종교의 비중을 줄이는 것을 뜻한다.

을 보여준다.

신학이 겪은 세 번째 변화는 계몽주의 영향 아래 실증주의적 연구 풍토가 움트기 시작했다는 점이다. 교회의 권위가 상대화된 것과 맞물려 일찍이 '자연신학'natural theology으로 불리고 있던 자연에 관한 신학적 탐구는 그 목적과 성격을 잃게 되었다. 교회를 벗어난 자연신학은 하느님이 창조를 통해 자연에 남긴 흔적을 탐구하는 학문이 아닌, 실험을 통해 합리적인 증명을 시도하는 자연 '과학'으로 바뀌었다. 종래의 형이상학적 설명들 또한 교회 권위의 상대화 과정에서 여러 비판에 노출되어 신학의 학문성 그 자체가 근원적인 질문을 받게 된다.

앞서 언급했듯 신학은 그 대상을 인간과 인간의 내면에 맞춤으로써 신학이 형이상학이라는 비판을 모면하려 했다. 이처럼 신학이 심리학처럼 변해 간 것은, 달리 말하면 눈에 보이는 세계와 눈에 보이지 않는 세계를 이분화한 것이라고도 할 수 있다. 이를테면 의학 분야에 외과와 정신과가 있듯이, 인간에게는 몸의 세계뿐 아니라 눈에 보이지 않는 마음의 세계가 있을 수 있다. 육체의 질병이 있듯 마음이 병을 얻게 되는 경우도 있기 때문에 자연과학뿐만 아니라 정신과학의 필요성이 제기되었으며 신학은 이 영역에 주된 관심을 둠으로써 자신의 학문성을 주장하고자 한 것이다. 이러한 맥락에서 보면 신학은 일종의 '종교심리학'으로서 새로운 길을 모색하려 한 것이다.

어떻게 보든 기존의 신학적 탐구의 결과물인 교의학은 새로운 시대 학문의 범위에 들어갈 수 없게 되었다. 문제가 계속 발생하자

신학은 또 다른 영역으로 자신이 목소리를 낼 수 있는 곳을 찾는데 그곳은 바로 개인의 '도덕'이었다. '도덕으로서의 신학'으로 그 존재 이유와 가치를 새롭게 모색한 것이다. 계몽주의 시대 이후의 신학에서 도드라지게 발견되는 이 특징은, 프랑스 신학계뿐만 아니라 독일 신학에도 영향을 미쳤으며 결국 전 세계로 확대되었다.

새로운 신학의 가장 전형적인 모습은 독일의 알브레히트 리츨 Albrecht Ritschl과 그 학파에서 발견할 수 있다.[6] 슐라이어마허 이후 세대에 속하는 이들은 프랑스에서 들어온 계몽주의 신학과 독일의 내셔널리즘을 연결해 새로운 신학을 만들었다. 이 학파의 특징으로는 신학에서 형이상학적 요소를 배제한 것을 들 수 있다. 당시 철학과 신학은 실증주의의 비판, 형이상학에 대한 비판이 대두되는 가운데 대학교라는 학문 제도 안에서 살아남기 위해 자연과학 방법론을 견본으로 삼았다. 말하자면 신학의 과학화를 시도한 것이다. 그들은 신학을 형이상학 영역에서 해방하고 연구 대상 및 과제를 계시나 초월의 영역이 아니라 인간의 내면, 인간의 세계에 맞춤으로써 실증주의나 자연과학의 비판을 피하는 것을 목표삼았다. 그리하여 인간의 도덕성이 신학 무대의 전면에 등장하게 되었다.

---

[6] 알브레히트 리츨(1822~1889)은 독일의 개신교 신학자다. 본, 할레, 하이델베르크, 튀빙엔대학교에서 신학을 공부했으며 본대학교를 거쳐 1864년부터 죽을 때까지 괴팅엔대학교에서 교리사, 교회사를 가르쳤다. 19세기 독일 개신교 신학에서 가장 유명한 인물로 꼽히며 빌헬름 헤르만, 율리우스 카프탄, 아돌프 하르낙과 같은 동시대 신학자들에게 지대한 영향력을 행사했다. 주요 저작으로『구舊 가톨릭 교회의 출현』Die Entstehung der altkatholischen Kirche, 『신학과 형이상학』Theologie und Metaphysik, 『경건주의의 역사』Geschichte des Pietismus, 『칭의와 화해에 관한 그리스도교 교리』Die christliche Lehre von der Rechtfertigung und Versöhnung 등이 있다.

리츨 학파의 구성원들은 철학, 물리학의 무대에서 더는 지지를 얻지 못하는 형이상학적 요소들을 신학에서 끊어내고 배제할 때 신학이 형이상학처럼 근대 세계에서 쇠퇴하지 않을 수 있다고 생각했고, 그럼으로써 신학 고유의 영역을 지켜낼 수 있다고 보았다. 이때 '고유의 영역'은 바로 도덕이다. 리츨에게 있어 종교에서 가장 중요한 것은 결국 그 종교를 믿는 인간의 행동이었다. 근대 이전까지 종교에 권위를 부여한 것은 계시나 기적과 같은 초현실적인 체험이었다. 하지만 근대 시기에는 실험할 수 있는 것, 즉 누가 언제 어디서 시도하더라도 똑같은 결과를 얻을 수 있는 것만을 학문으로 인정했고 그것만이 학문이라고 한정했다. 신학에서 전통적으로 중요한 주제로 여겨졌던, 어떻게 보면 신학이 신학일 수 있는 근거가 되어주었던 계시나 기적은 이제 역으로 신학의 비학문성과 비현실성을 증명하는 요소에 불과했다. 실험할 수 없고, 실증할 수도 없기에 학문으로 인정할 수 없기 때문이다. 계시 체험이나 기적은 누가 하더라도 동일한 결과가 나오지 않는다. 하지만 이와 견주었을 때 특정 종교를 믿은 인간이 어떠한 행동을 취하는지, 인간이 종교적 확신을 했을 때 그 귀결로 드러나는 도덕적 삶이나 사회성, 공동체를 형성하는 힘 등은 종교사 연구를 통해 증명될 수 있다고, 이에 바탕을 둔 사회학적이고 문화적인 고찰도 가능하다고 리츨 학파의 구성원들은 생각했다. 신학은 형이상학이 아니라 '인간학'이 되어야 한다고 생각한 것이다. 인간의 종교적 신앙은 그의 도덕적 삶을 통해 끊임없이 검증, 증명되어야 한다고 그들은 강조했다.

리츨은 사람들이 예수라는 인물을 만났을 때 어떠한 영향을 받았는지, 혹은 예수의 인격에 어떤 자극을 받았는지에 골몰했다. 그리고 이러한 인격적인 영향을 통해 인간이 어떻게 살았고 살게 되는지를 고찰하는 것이 신학의 과제라고 생각했다. 리츨에게 그리스도교의 본질, 계시의 의미는 예수에게 인격적인 영향을 받는 것이었다. 그는 신학이 이 예수의 인격이 무엇인지를 연구하고, 이 인격에 사람들이 감화받을 수 있도록, 그리하여 이 시대에서 사람들이 올바르게 살아갈 수 있도록 도와야 한다고 말했다. 이러한 리츨의 생각은 훗날 '신학적 전위파'들에게 '신학의 윤리화'라며 비판받는다.[7] 분명 고도의 도덕성은 리츨에게 있어 종교의 궁극적인 귀결이었으며 이러한 맥락에서 신학은 윤리화되었고 그리스도교 신앙은 일종의 '시민 윤리'가 되었다.

대혁명으로부터 라이시테Laïcité까지의 여정

몇 번 이야기했듯 프랑스 혁명이 일어나자마자 순식간에 그리스도교가 사적 영역으로 편입되지는 않았다. 어제오늘 사이에 종교의 성격이 순식간에 바뀔 수는 없으며 칼로 자를 수 있는 것처럼 도식화할 수도 없다. 하지만 분명 변화는 일어났다. 프랑스 혁명 직후 교회는 국영화되었다. 이전에 교회가 집행했던 통과 의례들도 국가의 관리 아래 이루어지기 시작했다. 이를 보여주는 상징적인 사건으로 1792년 9월 20일 입법의회의 결정을 들 수 있다. 이

---

[7] 신학적 전위파avantgarde란, 빌헬름 말기에 신학 교육을 받고, 바이마르 시기에 신학자로 활동한 이들 가운데 이전 세대 신학자들을 강하게 비판한 일련의 사람들을 가리키며 대표적으로 칼 바르트, 프리드리히 고가르텐 등이 있다.

결정에 따르면 국민은 그때까지는 교회에 가서 받던 '민사에 관한 공증 절차'를 지방자치단체 기관에 가서 받아야 한다. 이를테면 출생 신고나 사망 증명서를 발행하는 업무를 교회에서 하지 못하게 바꾼 것이다. 교회의 성사에 해당하는 결혼도 마찬가지였다. 결혼하게 되면 사람들은 관공서에 혼인 신고를 해야 했다. 성혼이 '민사혼'으로 바뀐 것이다. 교회가 만들고 보관한 세례 증명서는 동사무소가 발행하는 출생 증명서로 대체되었다. 이는 교회가 관리한 종교 생활을, 이제는 국가가 관리하게 되었음을 뜻한다. 오늘날 사람들은 민사 관련 업무를 국가에서 처리하는 것을 당연하게 여기지만, 이는 원래부터 그런 것이 아니다. 프랑스 혁명 이후 국가가 가톨릭 교회가 관할하던 영역을 인수한 결과로 생긴 것이다.

대혁명의 혼란이 이어지는 가운데 이른바 '제1공화정'이 끝났고 나폴레옹 보나파르트Napoléon Bonaparte, 즉 나폴레옹 1세에 의한 '제1제정'이 시작되었다. '제1제정'의 시대가 열린 1801년 7월 15일, 프랑스 정부와 교황청(피우스 7세)은 널리 알려진 '콘코르다트'concordat라는 정교조약政教條約을 체결한다.[8] 이로써 프랑스 혁명 이후 로마 가톨릭 교회와 적대 관계를 형성했던 프랑스에 다시금 로마 가톨릭 교회가 활동할 수 있는 분위기가 형성되었다. 조약을 통해 프랑

---

[8] 콘코르다트는 라틴어 콘코르다툼Concordatum에서 유래한 말로 로마 가톨릭 교회 지도자인 교황과 국가가 국제법의 형식에 준하여 맺은 조약, 화약을 뜻한다. 가장 오래된 정교화약은 1122년 체결된 보름스 협약이며 신성로마제국의 하인리히 5세와 교황 갈리스토 2세가 성직자 서임 권리를 두고 맺은 협약이다. 나폴레옹과 교황 피우스 7세가 맺은 정교화약은 근대의 대표적인 정교화약으로 꼽힌다.

스는 국민 대다수가 (로마 가톨릭) 교회에 다니는 현실을 인정했으며 사람들이 자유롭게 그리스도교 신앙을 갖는 것을 공인했다. 공공 영역에서 종교 의식을 치르는 것 또한 인정했다.

하지만 여기에는 교회가 공공의 안녕을 위해 정부가 내세우는 법규를 따라야 한다는 조건이 붙었다. 또한 교회는 대혁명 당시 국가에 빼앗긴 재산을 완전히 포기해야 했으며 대신 국가는 성직자의 봉급과 종교 의식에 대한 모든 비용을 마련해 주기로 약속했다. 이는 언뜻 보면 국가가 교회에 상당한 특혜를 제공하는 것처럼 보인다. 하지만 좀 더 근본적으로는 국가가 교회를 통제하게 되었음을 뜻한다. 이 조약을 통해 국가는 주교의 임명과 같은 문제, 교회의 제반 결의 사항에 대해서도 주도권을 가지고 관여할 수 있게 되었다. 이러한 정치와 종교의 관계는, '라이시테'라 불리는 프랑스의 정교분리 원칙, 즉 종교의 활동 범위를 사적 영역으로 제한하는 원칙이 성립될 때까지 계속된다. 이렇게 보면 '국가가 종교를 관리하는 것'과 '종교의 사사화', 혹은 '종교가 개인의 영역으로 이행한 것'은 서로 충돌하는 것처럼 보일지 모른다. 하지만 둘의 실상은 동일했다. 좀 더 중요한 점은 그리스도교가 '교회의 그리스도교'와 '교회 밖의 그리스도교'로 분열되었다는 것이다. 후자는 국가가 종교를 관리하게 된 현실은 받아들이나 오히려 그렇기 때문에 자신의 신앙을 국가(당시 예를 들면 나폴레옹의 통치)나 교회에 의존하지 않는다. 이러한 사사화는 교의나 제도, 전통이나 권위라는 범주가 존재하지 않는 그리스도교, 그러한 범주로부터 별다른 영향을 받지 않는 그리스도교인을 등장시켰다.

'교회의 신학'과 '교회를 혐오하는 그리스도교 신학'

오늘날의 신학과 관련해 프랑스 혁명기에 일어난 신학의 변용에 관해 말해보겠다. 프랑스 혁명기 이후로 신학은 두 진영으로 나뉘었고 이 둘은 여러 모습으로 오늘날까지 대립하고 있다. 당시 사회적 맥락을 염두에 두면 (앞서 말했듯) 한쪽에는 '교회의 신학', 즉 전통적인 교회나 그리스도교 문화에 봉사하는 신학이 있다. 그리고 다른 한쪽에는 '교회 밖의 그리스도교 신학', 혹은 계몽주의적인 신학이 있다. 오늘날 신학과 관련하여, 프랑스 혁명기에 일어난 신학의 변용에 관해 말하자면 후자는 '교회를 거부하는 그리스도교인', '교회나 전통의 권위를 비판하는 그리스도교인', 혹은 '교회는 싫지만 그리스도교 신앙은 소중하다고 생각하는 이들'이 영위하는 신학이다. 그렇기에 후자의 신학에서는 '교회 비판' 역시 중요한 비중을 차지한다. 이 신학에서는 신학에 의한 교회 비판이 가능하다. '교회 밖의 신학'의 첫 번째 비판 대상이 된 것은 예수의 가르침을 그리스도'교'로 변질시켜 버린 바울로와 초기 그리스도교 신자들이었다. 이러한 신학을 따르는 이들은 예수와 나, 혹은 하느님과 나만 있으면 그것만으로도 그리스도교 신앙이 성립될 수 있다고 보았다. 그러므로 이러한 관점에서는 예수 이후 전개된 그리스도교 역사가 예수의 가르침을 왜곡한 역사가 되며 교회(제도), 전통, 교리에 집착하는 것은 종교성의 잘못된 발현이 된다.

이렇듯 '교회 밖의 그리스도교'가 형성한 신학은 그때까지 전통적인 신학이 근거로 삼아 온 교회의 권위나 초월성을 비판했다. 이 신학을 대변하는 이들은 자신들의 작업을 이어가기 위해 교회에서 벗어나 독자적인 학문으로서의 신학 방법을 확립하기 위해 애썼다. 그들은 역사학이나 훗날 사회학이라고 불리는 연구 방법론의 지원을 받아 자신들이 주창한 신학을 '교회의 신학'과 구별되는 '학문적인 신학, 과학적인 신학'이라 불렀다. 이들에게 교회의 권위나 전통에 의존하는 신학은 비학문적인 것에 불과했다. 이와 맞물려 그들은 교회가 자신의 권위를 정당화하기 위해 만들어낸 다양한 교리(그리스도론 등)를 파괴하는 데 앞장섰다. 중세 때까지 제반 학문이 자신의 진리성을 입증하고 권위를 얻기 위해 신학을 수중에 넣으려고 애썼으나 프랑스 혁명 이후에는 신학을 비판하고 파괴하기 위해 제반 학문의 엄정성, 진리성, 권위가 활용되었다.

1871년 리옹에서는 「마음의 벗」이라는, 어디선가 들어 본 듯한 친숙한 이름의 잡지가 간행된다. 이 잡지는 1869년 '예수'가 아닌 '그리스도'를 예배하는 것은 미신이라고 주장한 리옹의 의사 가브리엘 몰페스Gabriel Molfes가 창설한 단체인 '예수의 벗'이 발행하는 기관지였다. 당시 교회나 성직자들에게 비판적인 자세를 취하며 교회를 가지 않던 지식인, 전문직, 작가나 출판계 사람들, 고위 관료들은 이 잡지를 구독했다. 그들은 그리스도인이라는 정체성을 포기하지는 않았지만, 성직자가 일요일마다 주관하는 미사나 목사가 하는 설교에는 회의적이었으며 제도로서의 교회를 유지, 옹호하기 위해 활용하는 신학과 이 신학의 성서 인용 방식에 비판적인 태도를 보였다. 그들은 (그들이 보기에는 권위주의에 물든) 제도화된 교회, 교회라는 형태를 취한 그리스도교가 종언을 고해야 한다고 생각했다.

교회에 나가지 않게 된 '교회 밖 그리스도인'의 정체성에 부응하기 위해 「마음의 벗」은 매주 주말에 발행되었으며 구독자들은 이 잡지에 실린 성서 연구나 그리스도교 관련 논문들을 읽으며 자신의 종교성을 고양하고자 했다. 흥미로운 점은 이 잡지의 편집자들이 당대 성서학 지식을 적극적으로 활용했으며 동시에 성서학자들에게 기사를 쓰게 함으로써 기존의 교회에서 하던 성서 읽기와 교리를 비판했다는 것이다. '교회 밖의 그리스도교' 지지자들의 잡지인 「마음의 벗」 편집자들은 제도로서의 교회를 비판하겠다는 명확한 의도를 갖고 근대적인 성서학자들에게 도움을 구했다. 이러한 대립 구도는 오늘날 '교회의 신학'과 '성서학'의 대립에서도 발견할 수 있다(덧붙이면, '예수의 벗'은 특정 교파나 종파에 소속되지 않고 활동했지만, 1년 2개월 만에 사라진 것으로 보인다).

앞서 언급했듯 「마음의 벗」에는 제도 교회를 비판하기 위해 성찬례와 같은 성사의 제정, 성서 정경화 과정을 두고 비판적인 분석을 한 논문들이 게재되었으며 당대 최신 성서학은 이를 도왔다. 이들에 따르면 기성 종교 체제로서의 교회는 역사 가운데 교회라는 형태를 취한 그리스도교가 승리한 결과 만들어진 것이다. 그 결과 그리스도교의 본래 모습인 '예수의 종교'는 은폐되었다고 「마음의 벗」은 힘주어 말했다. 초대 그리스도 운동과 이후 그리스도교는 커다란 차이가 난다는 주장을 펼친 것이다. 같은 맥락에서 그들은 '예수의 복음'과 '바울로의 교회적 그리스도교'를, 그리고 '예수의 종교적 메시지'와 '바울로의 속죄론'을 대비시켰다. 제도화된 교회를 은폐된(은폐되었다고 가정한), 본래 예수가 주장한 종교를 통해 비판한 것이다. 교회 비판자들은 이를 위해 당대 성서학의 성과를 활용했고, 때로는 성서학자들이 직접 이러한 움직임에 참여하기도 했다. 이러한 신학에서 성서학은 하나의 '학문', 역사과학이나 문헌학이라는 틀을 넘어서 교회 정치의 탁월한 도구 역할을 맡았다. 학문의 권위를 빌려 교회의 권위를 비판하는 모습은 새로운 신학이 보여준 새로운 면모이자 신학이 새로이 얻게 된 기능이었다.

「마음의 벗」 편집자들과 독자들이 갖고 있던 사상은 교회 내부에 있는 이른바 제도 개혁론자들에게도 영향을 미쳤다. '교회 밖 그리스도인'들이 주창한 신학이 제도 교회가 나아가야 할 방향을 정립하는 데 학문적인 지원 사격을 해주는 역할을 하게 된 것이다. 이러한 신학의 영향 아래 제도 개혁론자들은 참된 그리스도교는 제도 교회가 정착된 시점 이전의 교회, 즉 콘스탄티누스가 국교로 삼기 이전의 그리스도교로 거슬러 올라가야 한다고 주장했다. 이들 또한 '교회 밖의 그리스도인들'처럼 바울로 이후의 '제도로서의 교회'에 비판적인 관점을 취했다. 진정한 그리스도교는 역사적 예수, 그가 전한 복음에만 바탕을 둔다고 이들은 생각했다.

맥락은 조금 다르지만, 프리드리히 니체는 독일어권에서 이들과 거의 유사한 이야기를 했다. 그는 그리스도교 모두를 비판하지는 않았다. "근본적으로는 오직 한 사람의 그리스도교인이 존재했고, 그는 십자가에서 죽었다"는 그의 역설적인 표현은 이를 잘 보여준다. 그는 예수와 직결된 신앙에 한해서는 신앙 자체를 부정하지는 않았다. 그가 부정한 것은 예수의 죽음 이후, 교회가 만든 현세 도덕에 대한 가르침이나 신학이었다.

이렇게 프랑스 혁명 이후 '교회의 신학'(교회를 수호하는 신학)과 '교회 밖의 신학'(교회를 비판하는 신학)이 대립하기 시작했으며 이러한 풍경은 근대에 이르러서는 어디에서나 쉽게 볼 수 있는 흔한 풍경이 되었다. 양자에 속한 이들이 서로를 이해하기 위해 노력하지 않는다면, 그리고 역사에 대한 별다른 반성과 성찰 없이 대립만 이어간다면 어떠한 신학을 하더라도 혁명정부가 쳐 놓은 함정에 감쪽같이 걸려든 '레 미제라블', 즉 '비참한 사람들'이 될 수밖에 없다.

제7장

실용주의로서의 신학

'자발적 결사'로서의 국가, 미국

앞의 5장에서는 청교도에 대해 다룬 바 있다. 이 장에서는 이후 청교도들이 무엇을 했는지를 살펴보려 한다. 이는 곧 미합중국美合衆國, The United States Of America, 즉 미국이라는 근대 국가에서 일어난 거대한 그리스도교 실험과 여기서 발생한 신학의 모습을 고찰해봄을 뜻한다.

영국에서 청교도가 등장하자 그리스도교 신학의 시장화가 싹텄다고 앞서 말한 바 있다. 영국 국교회가 독점하던 그리스도교, 그리스도교 신학 시장은 청교도의 출현과 함께 경쟁 체제로 바뀌었다. 하지만 영국에서는 국교회 제도가 사라지지 않았기 때문에 경쟁 체제는 완전히 자유로운 경쟁이라고는 할 수 없었다. 청교도를 지지하는 성직자들이 국교회 교구의 관할 사제를 맡거나, 청교도들이 국교회 체제에서 벗어나 자기들 마음대로 집회를 여는 일이 이어졌지만 이는 당시로서는 불법 행위였기 때문에 국가의 단속을 받았다. 바로 이러한 점 때문에 당시 영국에서는 종교와 신학의 시장이 겨우 '싹텄다'는 수준으로밖에는 말할 수 없다.

청교도는 철저한 개혁을 하지 않은 영국 상황에 만족할 수 없었다. 그 결과 새로운 그리스도교 유럽을 재건하기 위해 신대륙을 찾았다. 물론 미국을 건국한 이들은 청교도뿐만이 아니다. '청교도의 나라, 미국'이라는 이미지도 있긴 하지만 청교도는 미국의 건설에 관여한 수많은 세력 가운데 하나에 불과했다. 그러나 그렇다 할지라도 그들은 미국 건설에 결정적인 영향력을 행사했다. 이를테면 청교도의 신학은 미국 수정 헌법 제1조의 적극적인 측면을 대변한다. 미국 헌법이 국교회, 공인교회公認教會를 인정하지 않는 것은 청교도 신학이 미국에서 사회화한 결과다(물론 모든 청교도 신자가 이에 동의한 것은 아니다). 국교회 제도를 택하지 않으면 모든 교회는 사회에서 하나의 자발적 결사체가 되며, 종교 시장에서 자유로이 경쟁할 수 있게 된다. 이 또한 미국을 설계할 때 중요한 의미를 갖는다. 미국이라는 국가의 가장 큰 특징은 바로 민간국가民間國家라는 점이기 때문이다. 청교도의 특징 중 하나는 국가의 통제를 거부한다는 점에 있다. 국가에 의한 종교 시장의 독점이 그들을 괴롭혀 왔기 때문에 그들은 자유로운 결사체, 참된 의미로서의 민간단체가 자유롭게 경쟁하는 사회야말로 좋은 사회라고 생각했다.

미국에서 교회에 대한 생각은 국교회 제도를 고수한 유럽 국가들과는 완전히 달라졌다. 미국 교회는 민간의 자발적 결사체이기 때문에 입회하는 수속, 혹은 가입 의식이 중요한 절차로 간주되었다. 앞서 언급했듯 국교회 제도 아래서는 사람들이 태어나자마자 특정 교구 및 교회에 등록이 된다. 가입이 당연시되는 곳에서 가입 의식은 그리 큰 비중을 차지하지 않는다. 그리스도교 신자가 되는 것이 자명한 일이었던 국교회에서는 세례가 단순히 인생의 통과의례 비슷한 것이었다. 물론 미국도 국민의 대다수가 그리스도교 신자이다 보니 비슷한 현상이 일어날 때도 있다. 하지만 미국의 경우 다양한 교파에 속한 여러 교회가 한 마을에 있으므로 사람들은 자신이 가고 싶은 교회를 선택할 수 있다. 이 점에서 미국에 있는 교회들은 국교회와는 다르다. 국교회 제도를 지탱해 주는 요소로서 태어나자마자 받는 유아세례를 들 수 있는데, 이는 교회에서 하는 일종의 호적 관리라 할 수 있다(현재도 북유럽 국가들에서는 이러한 관리 체계를 갖고 있다. 최근 10년 사이에 제도를 바꾸고 있지만 말이다). 견진, 장례, 묘지 매장 등도 이에 해당한다. 사람들은 교구에 (자신이 태어나자마자) 속한 지역 교회가 이러한 의식들을 행하는 것에 아무런 의문을 제기하지 않았고 일정한 생의 시점에 이르면 으레 그 의식에 참여했다. 말 그대로 '요람에서 무덤까지' 모든 삶의 주기를 (자신도 의식하지 못한 채) 교회에 맡긴 셈이다.

하지만 자발적 결사로서의 교회에서는 가입자의 의지가 중요하다. 여기서는 교회에 출석하는 것, 세례를 받는 것 모두 본인의 선택에 달려 있고 교회 편에서도 교회에 온 사람이 이 교회에 다닐만한 적합한 구성원인지 신앙과 인격을 검증하는 일이 중요하다. 점차 이러한 교회에 속한 이들은 자신들이 하느님께 선택받은 사람들의 성스러운 집단이므로, 국가로부터 자립해 있으면서 자기비판과 성찰 가운데 신앙을 훈련하고 하느님의 나라를 기다리며 역사 속에서 신앙의 여정을 걸어가는 집단이라고 생각하기 시작했다. 그들에게 교회란 이 세상에 일시적으로 머무는 체류자, 거류민의 공동체였다. 시간이 흐르며 이러한 성향의 교회에서는 (본인의 결단 없이 세례를 받는) 유아 세례를 인정하지 않는 곳도 등장했다.

막스 베버는 바로 이 부분에 주목해 미국 사회의 본질을 그려냈다. 그는 1906년 4월 13일부터 15일까지 프랑크푸르트신문 Frankfurter Allgemeine Zeitung, F.A.Z에 「미합중국의 교회와 분파」Kirchen' und 'Sekten' in Nordamerika라는 글을 기고했고 여기에 논의를 더욱 확대한 연구가 마르틴 라데Martin Rade가 발간하던 잡지 『그리스도교 세계』 Die Christliche Welt에 실린 「프로테스탄트 분파들과 자본주의 정신」Die protestantische Sekten und der Geist des Kapitalismus이라는 논문이다.[1] 이 글에서 그는 교회와 관련된 미국 사회의 본질을 특징적으로 보여주는 것으로 "독일 태생의 이비인후과 전문의"의 일화를 소개한다.

오하이오 강변의 한 대도시에 정착한 독일 태생 이비인후과 전문의가 자신의 첫 환자 내방에 관해 이야기한 것만 들어봐도 이미

---

[1] 프랑크푸르트 신문은 1856년 창간되어 1943년 히틀러의 탄압으로 폐간된 독일의 일간지다. 민주주의적이고 자유로운 사회 이념을 추구했으며 테오도르 아도르노, 발터 벤야민, 에른스트 블로흐, 베르톨트 브레히트, 헤르만 헤세, 토마스 만, 슈테판 츠바이크 등 저명한 인사들이 기고를 했다.
「그리스도교 세계」는 1886년 마르틴 라데가 창간해 1941년까지 발행된 자유주의 성향의 반월간 신학 잡지로 모든 그리스도교 집단을 중재함으로써 이들 사이에 공통 이해와 소통을 가능케 하는 것을 목표로 했다.

사태는 얼마간 더 명백해질 것이다. 그 환자는 의사가 시키는 대로 코 반사경으로 검사를 받기 위해 소파에 누웠다. 그런데 다시 한번 일어나 앉더니 품위 있게 힘주어 말했다. "선생님, 저는 무슨 무슨 스트리트에 있는 무슨 무슨 침례교회의 구성원입니다." 이러한 사실이 콧병과 그 치료에 도대체 무슨 의미가 있을 수 있는가 어리둥절한 나머지, 그(의사)는 아는 사이인 미국 동료들에게 은밀히 물어보았다. 그러자 그 동료는 빙긋이 웃으면서 그것은 '치료비 걱정일랑 하지 마십시오'를 뜻할 뿐이라고 말해주었다. … (침례교) 회중에게 받아들여진다는 것은 신사의 윤리적 자질, 특히 사업 세계에서 요구되는 윤리적 자질의 절대적인 보증으로 간주되기 때문에, 당사자는 아무런 경쟁도 없이 대출과 제한 없는 신용을 확보할 수 있다.

상황을 보면 중요한 것은 이비인후과의 진찰을 받으러 온 사람이 입을 열자마자 의사에게 한 "선생님, 저는 무슨 무슨 스트리트에 있는 무슨 무슨 침례교회의 구성원입니다"라는 말이다. 미국에서 의료비가 비싼 것, 또한 공적 의료보험이 정비되어 있지 않은 것은 널리 알려진 사실이다. 그렇기에 환자가 병원에서 의료 혜택을 받으려면 자신의 경제력을 증명해야 한다. 치료비와 약값을 낼 능력이 있음을 입증해야 하는 것이다. 일화에서 환자는 자신이 지불 능력을 충분히 갖추고 있음을, 진료를 받고서도 돈을 내지 않는 부도덕한 인물이 아니라는 점을 호소하기 위해 그런 말을 처음부터 한 것이다. 그렇기에 "선생님, 저는 무슨 무슨 스트리트에 있는 무슨 무슨 침례교회의 구성원입니다"라는 말은 곧 치료비를 걱정하지 말라는 뜻이 된다.

우리라면 어떨까? 일본 병원에서는 이런 일이 발생하는 일이 흔치 않으니 혼자 식사를 했는데 뒤늦게 지갑을 갖고 오지 않았음을 알게 되었다고 해보자. 이럴 때 대다수 사람은 어떻게 할까? 위의 미국사람처럼 자신이 어떤 종교에 속해 있는지, 어떤 교회에 다니고 있는지를 말할까? 그렇지는 않을 것이다. 아마도 사람들은 주민등록증이나 운전면허증, 건강보험증과 같은, 이른바 '공적'인 증명서를 보이며 자신의 신분을 가게 주인에게 확인시킨 뒤 신용을 얻으려 할 것이다. 그다음에 자신이 지갑을 두고 왔으니 나중에 돈을 갖고 와서 음식 값을 내겠다고 말할 것이다. 가게 주인도 '공적'인 증명서를 보고 신분을 확인하면 곧바로 경찰을 부르기보다는 기다려줄 것이다. 그런데 이때 특정 동아리의 회원 카드나 교회 주소록을 제시한다면 어떻게 반응할까? 주인은 화를 내며 그런 것 말고 '공적'인 증명서를 보여 달라고 요구할 것이다. 동아리 회원 카드나 교회 주소록과 같은 '사적'인 것으로는 그 사람의 신분과 신용을 확인할 수 없다고 생각하기 때문이다.

베버는 바로 이 점, 미국에서는 국가가 발급하는 '공적' 증명서가 아니라 오히려 어떤 '민간' 단체에 가입해 있느냐가 중요하고 그것만으로도 자신의 신분을 보장받을 수 있다는 점에 주목했다. 사실 생각해 보면 국가에서 발급하는 '공적' 증명서는 국민이라면 누구나 받을 수 있기에 그가 의료비를 낼 수 있는지 없는지, 의료비를 내지 않고 도망갈지는 확인할 수 없다. 그 사람의 경제적인 능력, 윤리적인 측면을 반영하고 있지 않기 때문이다. 이와 견주었을 때 "무슨 무슨 스트리트에 있는 무슨 무슨 침례교회의 구성원"이 되려면 일정한 가입 절차를 밟고 의식을 치르며 그 후에도 일정한 훈련을 받아야 하기에 사회적으로 신뢰할 수 있다. "침례교회의 구성원"은 누구나 될 수 있는 것이 아니다. 누구든지 태어나면 곧바로 가입하게 되는 국교회가 아니므로 오히려 개인의 신용을 가늠할 수 있게 되는 것이다.

이 점을 염두에 두고 미국 사회를 보면 대체로 '국립'보다는 '사립'이 좋은 평가를 받고 있음을 알 수 있다. 이를 대표적으로 보여주는 예가 대학교다. 미국의 상당수 명문대학교는 '사립'이다. 미국인들이 자신이 속한 사회에서 신분 상승을 꾀하고자 한다면 누구나 들어갈 수 있는 곳이 아닌 (특정한 자격을 지닌 사람만이 갈 수 있는) 특정 '민간' 단체의 일원이 되어야 한다. 베버가 말했듯 그러한 단체의 일원이 될 때 "윤리적 자질, 특히 사업 세계에서 요구되는 윤리적 자질의 절대적인 보증으로 간주되기 때문에, 당사자는 아무런 경쟁도 없이 대출과 제한 없는 신용을 확보할 수 있"기 때문이다. 이러한 사회 구조의 설계도를 만든 것은 분명 청교도 교회의 전통이며 이러한 맥락에서 미국이라는 사회에는 청교도의 DNA가 담겨 있다.

미국 사회에 흐르고 있는 청교도 DNA는 미국이 자유 경쟁의 나라라는 점에서도 발견할 수 있다. 미국은 경제 활동은 물론 교육, 정치 등 모든 영역에 경쟁 원리가 반영되어 있다. 모든 영역이 일종의 시장이기에 미국인들은 국가의 영향력이 배제될수록, 민간

단체들이 자유롭게 경쟁할 수 있는 상태가 되면 될수록 좋은 사회, 이상적인 사회라고 생각한다. 국가의 독점을 없애고, 관리를 최소화하는 것, 그리하여 시장이 생기고 그 안에서 경쟁을 유도하는 것, 이를 '민영화'라고 부른다. 한때 미국은 전 세계에 이를 전파하려 한 적이 있다. 그 명암에 대해 여기서 애써 다루지는 않겠다.

미국의 이러한 '민영화', '시장화' 가운데 그리스도교의 다양한 분파들은 '전도'라는 활동을 통해 미국 안에서 서로 경쟁했다. 이 또한 새로운 모습이었다. 오래된 역사를 지닌 유럽 마을에 가보면, 마을 한가운데에는 높은 첨탑이 있는 교회가 있고 이 교회를 둘러싸는 형태로 마을이 이루어져 있음을 알 수 있다. 마을 사람들은 모두 이 교회, 하나의 교회에 다닌다. 하지만 미국의 마을은 다르다. 마을 중심가를 포함해 다양한 곳에 다양한 분파의 다양한 교회들이 있으며 사람들은 그 교회들 가운데 자신이 선호하는 곳을 택한다. 시장 안에서 자신에게 가장 적절한 종교적 가르침을 주는 곳, 종교성을 고양해주는 훈련과 예배를 제공해주는 교회와 목사를 찾는 것이다. 그렇기에 사람들은 이 교회에 갔다가도 저 교회를 선택해 이동할 수 있다.

일정 나이가 되면 아이들이 별다른 생각 없이 '공립초등학교'에 입학을 하듯 국교회는 별다른 활동을 하지 않아도 사람들이 찾아온다. 예배를 드리는 수는 일정하며 교구에 속한 인구를 넘을 일이 없어서 전체 신자 수에도 별다른 변동이 없다. 하지만 미국에 있는 교회는 다르다. 모든 것이 시장 경쟁의 원리를 따르기 때문에 마이크로소프트나 애플과 같은 기업처럼 특정 교회가 경쟁에서 승리를 거두고 시장의 상당 부분을 차지할 수도 있다. 이른바 '메가 처치'Mega Church, 즉 초대형 교회의 출현은 이러한 맥락에서 이해해야 한다. 메가 처치는 하나의 교회임에도 불구하고 교인 수가 몇만 명, 혹은 몇십만 명에 이른다. 메가 처치가 등장하면 이에 비례해 아주 소수의 신도만을 둔 교회들도 등장한다. 국교회 제도를 택한 곳에서는 일어날 수 없는 현상이다. 일본의 그리스도교 교회나 신학뿐만 아니라 일본의 사회체제도 제2차 세계대전 이후에는 (스스로 택한 길은 아니나) 이러한 구조의 영향을 받고 있다.

'브로드웨이'에서의 신학?

이러한 가운데 신학자들도, 독자나 그 신학을 필요로 하는 사람들의 요구에 응답하면서 신학을 시장에 공급해야만 했다. 이러한 시장에 반입되는 신학이라는 상품은 다양하다. 특정 교파를 위해서만 서술되는 내부용 신학도 있지만 그러한 신학 또한 시장에서 '상품'으로 가치를 평가받는 것이 미국의 특징이다. 이 시장에는 다양한 신학이 등장해 시장을 달구기도 했고 세월이 흐름에 따라 사라져버리기도 했다. '사회복음'Social Gospel, '사신신학'死神神學이라 불리기도 하는 신 죽음의 신학The Death of God Theology, 세속화 신학secularization theology, 해방신학liberation theology, 흑인신학Black Theology, 여성신학Feminist Theology, 종교신학Theology of religions, 이야기 신학Narrative theology, 과정신학Process Theology, 아시아 신학Asian theology이 그

러한데 일본 신학 시장에서도 이러한 신학들이 유행한 적이 있다.[2]
언젠가 폴 틸리히는 자신의 미국 망명과 정착을 도와준 빌헬름 파
우크Wilhelm Pauck에게 말했다.[3]

---

[2] 사회복음social gospel은 '사회복음 운동'Social Gospel movement으로도 불리며 19세
기부터 20세기 초까지 활발하게 전개된 개신교 지식인들의 진보적인 신학
운동이다. 사회복음주의자들은 사회 정의, 범죄, 빈곤, 아동노동, 전쟁 등
의 사회적 주제들에 대해 그리스도교가 적극적으로 (복음에 비추어) 응답해
야 한다고 생각했다. 1960년대 민권 운동에 영향을 미쳤다. 대표적인 신학
자로 월터 라우셴부시Walter Rauschenbusch가 있다.

신 죽음의 신학과 세속화 신학은 1960년대 앞서거니 뒤서거니 하며 등장
한 신학 사조로 '세속화'로 특징지을 수 있는 현대 사회에 발맞추어 나가려
는 신학적 시도들이라 볼 수 있다. 폴 틸리히(그리스도교의 초자연주의적 성격
에 대한 비판), 루돌프 불트만(그리스도교의 신화적 용어 사용에 대한 비판), 디트
리히 본회퍼(그리스도교의 '종교적 성격'에 대한 비판)의 영향을 받아 신 죽음의
신학자들은 초자연적, 형이상학적 신의 죽음을, 세속화 신학자들은 세속
화를 긍정하고 새로운 시대에 그리스도교가 유의미해지려면 기존의 신학
언어와 탐구 방식을 전면적으로 재구성해야 한다고 주장했다. 존 A.T. 로
빈슨John A. T. Robinson의 『신에게 솔직히』Honest to God와 하비 콕스의 『세속 도
시』The Secular City는 세속화 신학을 대중에게 알린 대표적인 저작으로 꼽히며
신 죽음의 신학을 대표하는 신학자로는 토머스 알타이저Thomas Altizer, 윌리
엄 해밀턴William Hamilton, 폴 반 뷰렌Paul van Buren 등이 있다.

해방신학은 라틴 아메리카 내부에서 민중이 지주들과 군사독재정권에게
착취와 억압을 받고 외부에서는 미국의 식민지 취급을 받는 상황에 대해
로마 가톨릭 교회와 개신교 일부 진보적인 신학자들이 반응해 나온 신학
사조이자 운동으로 현대 정치신학, 제3세계 신학, 생태신학에 영향을 미쳤
다. 대표적인 신학자로 구스타보 구티에레스Gustavo Gutiérrez, 레오나르도 보
프Leonardo Boff, 혼 소브리노Jon Sobrino 등이 있다.

[3] 빌헬름 파우크(1901~1981)는 독일계 미국 개신교 교회사가이자 역사신학
자다. 베를린대학교에서 역사와 철학을 공부했으며 칼 홀과 에른스트 트
뢸치의 영향 아래 종교개혁을 본격적으로 공부했으며 이와 관련한 연구
로 박사학위를 받았다. 1926년부터 미국으로 가서 시카고대학교에서 교회
사 교수가 되었으며 뉴욕 유니온신학교, 밴더빌트대학교, 스탠퍼드대학교
에서도 교수로 활동했다(1937년 미국 시민이 되었다). 이른바 '루터 르네상스'
의 성과물과 독일의 역사신학 방법론을 미국 신학계에 소개했을 뿐만 아
니라 칼 바르트, 폴 틸리히 등 당대 대표적인 독일 조직신학자들을 비평했
고 교회일치운동에도 적극적으로 참여했다. 주요 저작으로 『하르낙과 트

미국에서 온 지 얼마 되지 않았을 때 했던 설교는 모두 실패했다네. 미국과 독일의 청중이 요구하는 내용이 다름을 깨닫지 못하고 있었기 때문이지. 내가 미국의 설교 시장에서 성공을 거두었다고 평가하는 사람이 있는데, 그것은 아마도 심리학의 제반 사례를 설교에 인용하고 '대화'라는 요소를 설교의 근저에 두었기 때문일 것이야.

또한 틸리히는 이런 말도 남겼다.

나는 설교를 곧바로 뉴욕 브로드웨이에 올리지 않는다. 우선은 지방 도시에서 여러 번 설교를 하며 청중의 반응을 본 뒤 마지막 순간에 브로드웨이 무대에 올린다.

신학자들이 자신의 탐구 결과를 '상품'이라고 여기지는 않을 것이다. 그러나 청중, 신자들의 요구에 응답해야 한다는 점은 고민한다. 그리고 사람들은 다양한 욕구를 해결하기 위해, 또한 인생의 의미를 발견하기 위해 쇼핑센터를 찾듯 신학 서적을 살펴본다. 실제로 미국에서 신학 서적은 여러 상품을 파는 가게나 공항 서점에서 파는 보급판paperback 형태로 쉽게 찾아볼 수 있으며 전체 분야의 베스트셀러가 될 때도 있다.

뢸치』Harnack and Troeltsch, 『칼 바르트: 새로운 그리스도교의 예언자?』Karl Barth: Prophet of a New Christianity?, 『폴 틸리히: 그의 생애와 사상』Paul Tillich: His Life and Thought 등이 있고 루터의 로마서 강의를 영어로 번역했다.

틸리히에 얽힌 또 하나의 일화를 소개해 보자면 1950년에 쓰인 뒤 1952년에 출판된 『살아야 할 용기』The Courage to be는, 그 전까지 나온 틸리히의 책들과는 달리 순식간에 베스트셀러가 되었다. 이를 두고 자신의 정신적인 문제를 손쉽게 곧바로 해소하고 싶어 하는 많은 현대 독자에게 매력적인 제목으로 호소력을 발휘했다고 볼 수 있다. 하지만 달리 보면 틸리히가 미국인들의 '국민병'이라고도 할 수 있는 삶의 불안, 정체성의 위기에 대해서 심리학적인 접근을 시도해야 할 필요가 있음을 간파한 것으로도 볼 수 있다. 이 저작에서 틸리히는 심리학적인 문제들을 신학과 엮어서 다루었다. 책을 읽기 시작하면 틸리히가 혼자서만 즐길 수 있는 관념의 놀이를 하고 있는 게 아닐까 싶을 정도로 지루하게 개념을 분석하고 복잡한 논의들도 등장한다. 하지만 많은 사람이 인내심을 가지고 이 책을 읽어냈고 틸리히의 심원한 세계에 빠져들었다. 하버드 대학교 신학대학원장을 지냈던 새뮤얼 H. 밀러Samuel H. Miller는 당시 틸리히와 관련된 일화를 소회했다.

> 알코올 중독에 빠지고 자살을 시도하기까지 했던 젊은 여성 예술가에게 틸리히의 친구였던 상담사가 『살아야 할 용기』를 선물로 주었다. 그녀는 하루만에 그 책을 다 읽고 마치 다시 태어난 것 같은 기분이 들었다고 말했다. … 당시 공부 좀 한다는 대학생들은 기분이 별로일 때는 영화를 보러 가지만, 정말로 우울할 때는 틸리히의 강연을 들으러 가거나 그의 책을 읽는다고 말했다.

틸리히는 독일에서 온 신학자였기 때문에 지역 교회의 주일 예배나 대학교 예배에 초청을 받아 설교를 하기는 했어도 한 교회에 소속되어 주일 예배를 엄수하지는 않았으며 설교하는 날 이외에는 교회를 찾지 않았다. 특정 교파를 대변하는 신학자, 특정 교파나 교회에 소속된 목사가 아니어도 신학 시장, 지식 시장을 지배할 수 있음을 보여준 것이다. 오늘날 틸리히만큼은 아닐지라도 비슷한 영향력을 행사하는 신학자로 스탠리 하우어워스Stanley Hauerwas를 들 수 있을 것이다.[4]

현대 신학은 개인의 신앙적 질문에 응답할 필요를 느끼며 현대 신학자들이 이에 대한 응답을 시도하는 과정에서 신학의 시장화가 일어난다. 그렇다면 이러한 현상에는 아무런 문제도 없는 것일까? 먼저 이 시장의 성격에 대해, 그리고 오늘날 신학 시장을 지배하는 '대중'에 대해 생각해 보아야 한다. 신학이 하나의 상품으로 시장에 반입되고 상품화된 신학들이 시장 원리에 따라 자유롭게 유통되면 신학의 진리성, 혹은 정통성은 거의 무의미해진다(혹은 그러한

---

[4] 스탠리 하우어워스(1940~)는 미국 성공회 신학자이자 윤리학자이다. 사우스웨스턴대학을 나온 뒤 예일대학교에서 신학과 윤리학을 공부해 석사, 박사 학위를 받았다. 노틀담대학교를 거쳐 듀크대학교 신학부에서 2013년까지 신학과 윤리학을 가르쳤다. 2000~1년에는 기포드 강연을 했으며 2014년에는 애버딘대학교의 신학적 윤리학 교수가 되었다. 20세기 후반 대표적인 미국 신학자로 꼽히며 이야기 신학narrative theology과 후기 자유주의 신학postliberal theology의 영향 아래 그리스도교 평화주의, 공공 윤리, 정치 신학, 철학적 신학 분야에서 다양한 저작을 남겼다. 주요 저작으로 윌리엄 윌리몬William Willimon과 함께 쓴 『일시 체류자』Resident Aliens(한국에는 『하나님의 나그네 된 백성』이라는 제목으로 복 있는 사람에서 출간), 『성품의 공동체』(한국에는 『교회됨』이라는 제목으로 북코리아에서 출간), 『평화로운 왕국』The Peaceable Kingdom 등이 있다.

논의조차 또 하나의 '상품'이 된다). 이때 중요한 것은 그 신학이 개인이나 교회(혹은 교단)에 도움이 되느냐 마느냐이다. 소비자가 된 신자들과 교회는 자신의 인생이나 교회 운영에 실질적인 도움이 되는 신학만을 찾으며 이를 소화하고 적용하는 데에만 관심을 기울인다. 이때 '좋은 신학'은 현재 자신의 상황에 적절한 응답을 제시하는 '사용 가능한 신학'을 의미한다. 이러한 분위기가 시장을 휩쓸면 시장뿐 아니라 매스컴도 이를 끊임없이 선전하게 되고 결국 이러한 신학이 올바른 신학, 혹은 진리가 되어 버린다. 즉 시장화된 신학계에서 그 신학의 좋음과 나쁨, 진리성을 결정하는 것은 교회, 교파의 지도자, 대학교의 신학자들, 국가기관이 아니라 소비자들, '대중'이다.

여기서 현대 신학이 받는 '유혹'을 발견할 수 있다. 본래 신학은 규범의 성격이 강하지만, 어느새 대중의 요구를 만족하는, 시대의 분위기에 상응하는 결과물만을 내놓게 된다. 좋게 보면 시대정신에 호응하는 것일 수도 있으나, 시대 자체에 대한 비판적 관점을 잃은 채 시장을 지배하는 익명의 대중에 호소력을 발휘하기 위해 시장에서 유행하는 사상이나 조류를 별다른 고민 없이 남용하는 경우가 많아진다. 시대가 보수화하면 이에 응하는 '고전적인 정치적 자유주의를 뒷받침하는 신학'을, 진보화하면 해방신학의 개량판을 내놓는 것(반대의 경우도 마찬가지다), 이른바 '해체' 담론이 유행하면 '해체 신학'을 말하며, 현상학이 다시금 유행하면 신학도 현상학으로 회귀해 쓰는 것은 그 대표적인 예다. 사람들이 주목하는 사건, 사상에 신학이 일일이 대응하다 보니 심지어는 올림픽 유치를 위한 신학이 나오기까지 한다.

물론 앞서 언급했듯 미국이라는 사회구조에서는 그리스도교가 중요한 부분을 차지하므로, 긍정적 의미로서의 미국적인 신학은 일종의 사회비평 기능을 하는 측면이 있다. 그리고 신학이 사회의 다양한 문제를 고민하고 논의하고 비판하며 혹은 정통성을 부여하는 것을 그 자체로 부정할 필요는 없다. 그러나 그 시대적, 사회적 맥락, 신학이 시장화되었다는 것 그 자체를 망각하고 근본적으로 고민하지 않는다면 익명화한 대중의 요구에 응할 수는 있겠으나 결국 한 번 쓰이고 버려지는 일회용 신학, 유효 기간이 지극히 짧은 신학을 양산하게 될 가능성이 크다.

실용주의와 신학

미국에서 일어난 '신학의 시장화'와 관련하여 마지막으로 살펴볼 것은 실용주의pragmatism와 미국 신학의 관계다. 실용주의는 '미국에서 태어난 철학'으로 불린다. 대표적인 실용주의 사상가, 철학자로는 찰스 퍼스C. S. Peirce, 윌리엄 제임스William James, 존 듀이John Dewey 등이 있다.[5] 실용주의를 반反그리스도교적이라든가, 혹은 반

---

5   찰스 퍼스(1839~1914)는 미국의 철학자로 현대 분석철학 및 기호논리학, 실용주의의 선구자로 평가받는다. 한국에는 『퍼스의 기호학』(나남출판)이 소개된 바 있다.

윌리엄 제임스(1842~1910)는 미국의 철학자, 심리학자로 소설가 헨리 제임스Henry James의 형이기도 하다. 실용주의 사상을 확립한 사람으로 평가받으며 철학, 종교학, 심리학에 관련된 다양한 저작을 남겼다. 주요 저작으로 『종교적 경험의 다양성』The Varieties of Religious Experience, 『실용주의』Pragmatism가 있다. 한국에서 두 저작은 각각 한길사, 아카넷에서 출간되었다.

신학적으로 볼 이유는 없다. 다만 실용주의 사상은 말 그대로 '실용성', 삶의 유의미함, 실천에 초점을 맞추기 때문에 이론의 올바름보다는 그 이론이 적용되었을 때의 유의미한 결과가 중요하다. 실용주의에서 진리성은 사람들이 무엇인가를 받아들였을 때 그것이 사람들에게 긍정적인 영향을 미치는지, 부정적인 영향을 미치는지에 따라 판별된다. 그 때문에 실용주의는 이념 그 자체나 방법론보다는 결과를 중시한다. 이렇게 이야기하면 그리스도교 신학과는 너무나 거리가 먼 사상이라 생각할 수도 있다. 하지만 실용주의와 신학은 의외로 가까운 관계를 맺고 있을지도 모른다. 이를테면 예정론像定論을 생각해보자. 예정론에 따르면 우리는 모르지만, 모든 일은 신이 예정해 놓았다. 이러한 면에서 우리가 목도하는 현실은 그 예정된 일이 실현되는 것으로 볼 수 있다. 일종의 '과거 완료'인 것이다. 영어에 있는 이 '완료형'이라는 문법은 일본인을 포함한 동양인이 영어를 공부할 때 부딪히게 되는 하나의 벽이다. 과거를 말하는 방식이 두 가지라는 것이 직관적으로 와닿지 않는 것이다. 물론 과거 일본어에도 '과거 완료', '현재 완료', '미래 완료'가 있었지만 현대에 이는 퇴화했다. 예정론을 이해하기 위해서는 이 완료형을 이해해야 한다. 반대로 예정론을 이해하면 완료형

존 듀이(1859~1952)는 미국의 철학자, 심리학자, 교육학자이다. 실용주의 철학의 주요 인물이자 기능심리학의 창시자로 평가받는다. 주요 저작으로 『인간성과 행위』Human Nature and Conduct, 『확실성의 탐구』The Quest for Certainty, 『경험으로서의 예술』Art as Experience 등이 있으며 한국에는 『경험으로서의 예술 1, 2』(나남출판), 『공공성과 그 문제들』(한국문화사), 『철학의 재구성』(아카넷) 등이 소개된 바 있다.

을 이해하는 데 어려움이 없다. 태초에, 지극히 먼 과거에 신이 예정한 것이 어느 날 성취되는 것이 '완료'이다. 이 예정은 태초지만, 성취는 '과거'에 일어났을 수도 있고 현재에 이루어질 수도, 미래에 일어날 수도 있다. 우리의 삶이 신의 예정이 실현되는 것을 확인하는, 이념을 검증하는 장소라는 점에서는 예정론이나 실용주의나 다르지 않다. 물론 실용주의는 훨씬 더 인간의 능동적인 측면을 강조하지만 말이다.

그 전까지 신학은 이미 있는 진리를 해명하고, 시대 상황에서 이를 어떻게 해석하고 언어화하는지를 고민했기 때문에 논리적 정합성과 보편성, 이를 담아낼 수 있는 개념, 체계, 언어 등을 탐구했다. 하지만 실용주의의 방점은 '쓸모'에 있다. 이른바 '미국적인 신학'의 공통점은 바로 이것이다. 미국의 신학이 '시장' 상황에 적응하는 것이 바람직하였듯이, 우리를 둘러싼 현실에 적응해 긍정적인 영향을 미치는 것이 바람직한 신학이다. 물론 이렇게 신학이 쓸모 있게 되는 것이 우연한 일이라고 당사자들은 생각하지 않을 것이다. 그들에게 신학은 영원 전부터 하느님이 예정해놓으신 것이며, 이제서야 그 필요 가운데 드러나 의미를 얻게 된 것이다.

최근 실용주의는 리처드 로티Richard Rorty나 제임스 로버트 브라운James Robert Brown 등이 주도하고 있다.[6] 이들의 작업 아래 실용주

---

[6] 리처드 로티(1931~2007)는 미국의 철학자이며 월터 라우셴부쉬의 외손자이기도 하다. 분석철학자들이 도외시한 문학, 종교, 정치 등의 영역에 걸쳐 폭넓은 주제를 철학적 사유의 대상으로 삼아, 전후 시대에 미국만의 사상으로 치부되어 오던 실용주의에 대한 관심을 다시 일으켜 이른바 '신실용주의'의 대표자로 평가받으며 유럽의 대륙철학과 영미권의 분석철학

의는 '신新 실용주의'neo pragmatism라는 좀 더 복잡하고 풍부한 사상으로 변화하고 있지만 기본적인 생각의 뿌리는 변하지 않았다. 그리고 앞으로의 미국 신학도 이러한 실용주의적 측면을 상실하지 않을 것이다. 현실에 하느님께서 태초부터 뜻하고 정하신 바가 있음을 신뢰하고, 신학은 이를 실천에 옮기며 식별하는 것이다. 이는 진리 탐구의 한 형태이며 신학의 한 형태이기도 하다.

을 엮어낸 다양한 저작을 썼다. 주요 저작으로 『철학 그리고 자연의 거울』 Philosophy and the Mirror of Nature(까치글방), 『우연성, 아이러니, 연대성』Contingency, Irony, and Solidarity(민음사), 『문화 정치로서 철학』Philosophy as Cultural Politics 등이 있다.

제임스 로버트 브라운(1949~)은 토론토대학교의 철학 교수로 과학철학과 자연철학 분야의 저작들을 썼다. 주요 저작으로 『연기와 거울: 과학이 현실을 성찰하는 법』Smoke and Mirrors: How Science Reflects Reality, 『플라톤주의, 자연주의, 그리고 수학적 앎』Platonism, Naturalism, and Mathematical Knowledge 등이 있다.

제8장

신학의 현실성

교회에서의 신학

지금까지 신학은 왜 필요하게 되었는지, 어떻게 존재해 왔는지를 다루며 신학이란 무엇인지를 생각해 보았다. 이제 결론으로 오늘을 사는 우리에게 신학이 어떠한 의미가 있는지, 신학이 어떠한 면에서 필요한지를 다루어 볼까 한다.

우선은 '신학'과 가장 밀접하게 관련된 '교회'에는 신학이 어떤 의미를 지닐까? 지금까지 이야기했지만 '신학이란 무엇인가?', 혹은 '신학이 왜 필요한가?'라는 물음에 대한 답은 하나로 환원될 수 없다. 신학은 통념적으로 생각하듯 초월 세계만을 다루는 비현실적인 이야기가 아니며 교회 운영이나 행정을 위한 지식으로 한정할 수도 없다. 신학은 단 한 번도 이 세계 현실과 무관한 '저 세계'의 이야기이기만 한 적이 없었다. 신학은 늘 현실 사회, 그리고 그 구조와 깊은 관련을 맺고 그 현실을 다루는 학문이었다. 역사 속에서 사회나 교회는 언제나 신학이 필요했고 또한 그렇게 나온 신학은 또 다른 사회와 교회를 형성하는 데 기여했다. 신학은, 이것이 진정 오늘날 사람들이 '학문'이라 부르는 것에 속하는지는 논외로 하더라도 그리스도교라는 종교, 혹은 신앙에 대한 해석과 반성을 통해 태어난 지적 활동이다. 공동체로서 그리스도교는 여전히 신학이 필요하며 여전히 하나의 학문으로 기능하고 있다.

그러나 중요한 것은 그리스도교 역사에서 내내 신학이 똑같은 내용과 형태만을 가지고 존재하지는 않았다는 점이다. 이는 그리스도교도 마찬가지다. 그리스도교가 무엇이며 어떻게 존재해 왔는지 누군가 질문한다면 아무리 그리스도교에 대해 잘 알고 있는 사람이라도 한 마디로 쉽게 대답할 수 없다. 아니 오히려 잘 알수록 대답하기 어렵다. 그렇기에 신학을 공부하고 그리스도교 역사를 잘 알고 있는 사람일수록 얇고 이해하기 쉬운 그리스도교 입문서를 쓰지 못하는 것일지도 모른다. 인류사에서 그리스도교가 너무나 다양한 방식으로 전개되었기에 그 모든 것을 설명해내기란 매우 힘든 일이기 때문이다. 많은 사람의 이해를 돕기 위해 쉽게 쓰려고 노력하면 노력할수록 내용은 걷잡을 수 없이 불어나 쓰고 또 써도 끝나지 않는 작업이 될 것이다. 사실상 불가능한 일인지도 모르겠다. 집에 관한 질문을 받았을 때 '자기 집'에 대해서는 어느 정도 구체적으로 설명할 수 있을지 모르나, 근처 '남의 집'에 대해서는 그만큼 구체적으로 설명하기 어려우며 '집'이라는 것 전체를 구체적으로 설명하기란 더욱 어려운 일이다.

그리스도교의 가르침을 보면 2,000년 동안 수많은 논의를 거쳐 왔기 때문에 한쪽을 설명하면 다른 한쪽을 설명할 수 없게 되는 경우도 많다. 하나의 사물을 보더라도 이쪽에서 봤을 때와 저쪽에서 봤을 때 서로 달라 보이는 경우가 있는 것처럼 말이다. 그리스도교 내부에서는 잘 보이지 않는 그리스도교의 면모도 있다. 그래서 그리스도교 외부에 있는 사람들이 '이상한 그리스도교'와 같은 말로 그리스도교에 관해 언급하면 그리스도교 내부에 있는 사람들은 불편함을 느낄지 모르지만 나름대로 그리스도교가 지닌 면모를 알게 될 수도 있다.

많은 경우, 특정 종파나 교회에 소속된 이들은 자신이 속한 종파나 교회가 설명하는 그리스도교를 '전체 그리스도교'라고 믿는다. 이는 하나의 종교를 접하게 되면 일반적으로 일어나는 현상이므로 그 자체를 잘못되었다고 할 수는 없다. 믿는다는 행위가 자신의 삶을 특정 종교(좀 더 엄밀하게는 특정 종교에 소속된 종파나 교회)에 맡기고 거기에 맞추어 가는 것이라고 한다면 자신이 경험하는 그리스도교 이외에 다른 그리스도교가 있다는 사실은 받아들이기 어렵다. 하지만 이를 집요하게 고수하여 하나의 교회(자신이 속한 교회)만이 올바르며 그 외의 교회들은 모두 잘못되었다고 하면 원리주의 혹은 근본주의가 된다. 그리고 신학이 이를 따르면 교조주의가 된다. 하지만 엄연히 그리스도교 안에는 다양한 전통과 문화가 있다. 예수를 구세주로 고백하지만 여기에는 2,000년의 역사와 전통이 흐르고 있으며 그 다양성과 차이는 의외의 자잘한 부분에서도 발견할 수 있다. 이를테면 일본 교회에서는 대부분 예배를 할 때 찬송가를 서서 부르지만, 독일 루터 교회에서는 찬송가를 앉아서 부른다. 성서 봉독 시간에 일본 교인들은 앉아서 듣는 경우가 대다수지만, 독일에서는 서서 듣는다. 개신교 교회에서는 '아멘'이라고 화답한 뒤 십자 성호를 긋지 않는다고 하지만, 그렇지 않은 예도 있다. 또한 의자도 없이 서서 오랜 시간 신비로운 분위기 속에서 드리는 동방 정교회 예배를 '예배'로 알고 있던 사람은 아프리카계 미국인들의 예배에서 목사가 강단에서 내려와 모두가 함께 몸을 흔들며 노래 부르는 모습을 보면 어안이 벙벙해질 것이다.

미국 일부 교회의 영향으로 일본에는 그리스도교 하면 곧 '금주와 금연의 종교'라 생각하는 사람이 많지만 정작 일본 그리스도교 교회에 커다란 영향을 미친 칼 바르트는 애연가였으며 그의 대표적인 사진에서 그는 파이프 담배를 입에 물고 있다. 또한 독일 교회는 화창한 여름날이 되면 '공동체 축제'Gemeindefest를 열어 맥주를 산더미처럼 쌓아 놓고 마시곤 한다. 부활절 새벽 예배가 끝난 직후에는 아침 식사를 나누며 화이트 와인을 마시고 오전 예배를 드릴 때도 있다. 그리스도교를 '금주와 금연의 종교'로 여겼던 일본 그리스도교인과 비그리스도교인은 모두 이런 모습에 낯섦을 느끼고 놀라움을 금치 못할 것이다.

낯섦에 놀라는 것은 자연스러운 일이다. 모든 지적 활동은 이 '놀라움'에서 출발한다. 문제는 놀라움을 일으킨 '낯선 무엇'에 어떻게 반응하는가이다. 상대가 당연하게 여기는 신앙을 자신은 낯선 것으로 여기며 놀라워하고 그 신앙을 이해하려 할 때 바로 그 순간부터 '신학'은 시작된다. 이 활동을 통해 우리는 상대를 이해함과 동시에 자신을 볼 수 있게 된다.

그러므로 '신학이란 무엇인가?'라는 물음에는 다양한 방식으로 수많은 답변이 가능하다. 오늘날 로마 가톨릭과 같은 세계적인 조직이 있지 않은 개신교에서 국교회와 같은 제도가 존재하지 않을 경우에는 엄밀한 의미에서 이단이라는 것도 존재하지 않는다. 현대 프로테스탄트는 수많은 교파와 소종파를 출현케 했다. 교회에서 생각을 달리하는 사람이 이단이라는 소리를 듣는다 해도 엄밀하게 보면 교회는 그 사람에게서 그리스도교 신자로서의 권리를 빼앗을 수 없고 자신들의 판단을 강제할 수도 없다. 그 사람이 교회에서 나와 다른 교파나 교회에 나가면 그만이다. 혹은 자신과 생각을 같이하는 이들을 모아 새로운 교파나 교회를 만들 수도 있다. 프로테스탄트는 끊임없이 분열하는 것을 그 특징으로 하며 분열할 때 새로운 신학도 탄생한다. 오늘날 일본에서 신학은 이러한 맥락에서 만들어지고 있다.

이러한 차원에서 일본 교회의 신학은 빈곤하다. '신학은 교회의 학문일 때 비로소 그 기능을 완수할 수 있다'는 생각은 틀린 말은 아니지만 그것도 일정한 역사적 상황에서 태어난, 신학에 대한 하나의 견해일 뿐이다. 달리 말하면 이러한 생각도 하나의 역사적 흐름에, 하나의 전통에 속한 견해다. 그러면 그 외에 신학이 짊어져야 할 과제, 신학의 기능은 없는 것일까?

나는 신학이 기본적으로 '교회의 학문'이라는 데 이의를 제기하지 않는다. 그러나 일본의 경우 그리스도교가 전혀 존재하지 않았던 곳, 혹은 그리스도교 전통이 없었던 곳에서 출발하기 때문에 교회를 형성하는 신학이 필요하다. 그렇다면 어떤 신학이어야 하는가? 신학의 역할을 너무 좁게 잡거나, 역사를 거쳐 발전해 온 다양한 신학 전통과 그 유산을 배제하는 태도는 신학을 빈곤하게 만들 뿐이다. 일본 사회에 교회가 제대로 정착하지 않은 것이 바로 이러한 신학의 빈곤과 무관하다고 말할 수 있을까? 아니, 좀 더 정직하게 말하면 그렇게 신학을 대해 왔기에 오늘날 신학의 빈곤이라는 사태에 빠진 것은 아닐까?

근대 성서학은 앞서 언급했듯 '교회의 신학'이 아닌, '교회 밖의 신학'의 흐름 속에서 전개된 역사적 · 비판적 · 문헌학적 연구에서 지적인 자극과 가르침을 얻으며 발전했다. 후자는 교회의 전통, 권위를 비판하기 위해 태어난 측면이 있으며 여기에 속한 이들은 열정적으로 제도와 전통을 비판했다. 특히나 이들의 도마 위에 오른 것은 전통적인 신학이 전개했던 교의학에 바탕을 둔 성서 해석과 그리스도론과 교회론이었다. 이들은 이러한 전통적인 논의들을 학문적으로뿐만 아니라 감정적으로도 강하게 비판했다. '교회 비판을 위한 신학'의 영향을 받은 이러한 비판, 그리고 활동은 전통적인 입장에서 보면 전도顚倒된 열정을 바탕으로 이루어진 신학일지 모른다. 그리고 분명 '교회 밖의 신학'에서 개진한 활동은 전통적인 성서 강해가 지닌 가치를 일정 부분 퇴색시켰다. 그러나 성서 해석의 폭을 넓히고 그 의미를 더 풍부하게 해준 것 또한 분명하다. '교회의 신학'이 '교회 밖의 신학'이나 '교회 혐오의 신학'을 잘 다루지 못한다면, 즉 이 신학들이 가한 비판에 응답하지 못한다면 이는 '교회의 신학'이 미천한 폭과 깊이의 민낯을 드러낸 것이라고

밖에는 할 수 없다.

근대 이후의 신학은 모두 당대 정신적 상황 아래 당시 유행하는 개념이나 철학, 혹은 지적으로 유행하는 흐름과 만나 그것들을 활용하곤 했다. 이는 중세도 마찬가지다. 왜 그랬을까? 답은 간단하다. 그리스 철학 전통이 서유럽의 그리스도교 세계에 따라 왔기 때문이다. '시대정신'을 무시한 신학은 사회에서 제대로 기능하지 못한다. 신학의 빈곤이라는 현상이 일어난 이유는 다른 무엇보다 신학이 '시대정신'이나 당대의 흐름을 제대로 다루지 못한다는 데 그 이유가 있다.

'교회의 신학'은 단순히 자신의 역사적 전통을 되돌아보며 과거 특정 시대의 신학을 복사해 오늘날 소생시키려 해서는 안 된다. 그렇다고 해서 당대 유행에 매몰된 신학을 해서도 안 된다. 신학은 새로운 시대를 만들어 내며 각 교회가 자신의 기능을 제대로 수행하는 데 도움을 줄 수 있어야 한다. 시대와, 그리고 교회와 '함께할 수 있는 신학'을 형성해야 하는 것이다. 이를 위해서는 우선 지난 역사 속에서 신학이 그러했듯 교회 내부에 있는 사람들이 충분히 수긍할 수 있는 신학을 '교회의 신학'이 앞서 나가 구축해야 한다. 교회에 다니는 사람들조차 관심을 두지 않는, 고개를 끄덕이지 않는, 가슴 설레지 않는 신학이 누구에게 호소력을 갖겠는가?

신학은 필요한가?

그렇다면 교회 밖에서, 그리스도교를 믿지 않는 이들에게 신학은 어떻게 기능할 수 있을까? 일본에는 과연 신학이 필요할까? 혹은 신학적 고민들은 어떠한 의미를 지닐까? 이러한 물음에 대해서는 어떻게 대답하면 좋을까? 그리스도교 교회나 종교와는 아무런 관계도 맺지 않고 지내 온 이들에게도 신학은 필요한 것일까?

지금까지 신학의 역사를 기술하며 각 시대에 신학이 어떻게 만들어지게 되었는지를 함께 살펴본 이라면 신학에 대한 앎이 적어도 유럽의 역사, 그리고 오늘날 유럽의 상황을 이해하는 데 필요하다는 점에는 모두 동의할 것이다. '그리스도교를 모르면 유럽을 알수 없다'는 말은 진실이다. 이러한 과제가 우리 같은 비유럽 세계 사람들에게만 주어진 것은 아니다. 실제로 유럽 사람들이 그리스도교를 잘 아는가 하면 그렇지도 않다. 흔히 유럽인들이라면 모두 그리스도교를 충분히 이해하고 있으리라 생각하지만 실상은 전혀 그렇지 않으며 오히려 그 반대다. 이는 일본과 불교의 관계를 생각해 보면 쉽게 이해할 수 있다. 독일에서 공부할 때 사람들은 내게 불교나 다도 등 일본 문화에 대해 이런저런 것들을 묻곤 했다. 하지만 나는 대부분 답하지 못했다. 부끄러웠다. 하지만 나는 일본인이며 일본에서 생활하고 있다는 것 또한 사실이다. 이와 똑같은 모습을 오늘날 대다수 유럽인이 보인다. 우리 대다수가 알고 있는 세계, 보는 세계는 매우 좁고 한정되어 있다. 그렇기에 유럽을 알기 위해 그리스도교의 역사를 아는 것은 비유럽 세계에 사는 이들에게만 주어진 과제가 아니라 모든 현대인에게 주어진 과제다.

물론 신학적 지식이 늘어난다고 해서 반드시 오늘날 유행하는 흐름을 이해할 수 있게 된다거나 좁은 시야, 편협한 사고에서 곧장 벗어날 수 있는 것은 아니다. 신학을 알면 이 세계를 알게 된다고

손쉽게 단언할 수도 없다. 다만 신학을 앎으로써 유럽이나 미국이라는 세계를 이해할 가능성이 조금 더 생긴다면 그것은 그 세계의 '심층 구조'에 관한 것이다. '심층 구조'라 하면 막연한 느낌이 들지도 모르지만 남극에 떠다니는 빙산을 떠올려 보라. 빙산은 해수면 위로 보이는 부분보다 수면 아래 보이지 않는 부분이 몇십 배, 몇백 배는 더 크다. 보이지 않는 부분이 있기에 비로소 해수면 위의 빙산도 존재할 수 있다. 저 유명한 타이타닉 호의 비극도 수면 아래에 있는 얼음을 보지 못했기 때문에 일어났다('빙산의 일각'氷山の一角이라는 표현도 여기서 유래했다).

신학을 안다는 것은, 이러한 수면 아래 있는 얼음의 세계, 사회의 심층 구조, '눈에 보이는 세계'를 산출한 '눈에 보이지 않는 세계'에 발을 내딛는 것이다. '역사'와 교회의 '교리'는 모두 이를 이야기한다. 일례로 유럽에 있는 마을 시장에 가면 채소와 과일, 고기, 꽃 등을 판다. 특히 금요일에는 아침부터 생선을 파는데 이를 위해 시장 사람들은 일찍부터 생선을 실어 나르며 사람들도 너 나 할 것 없이 그 생선을 사 간다. 독일에 살고 있을 때 근처에 사는 일본인 친구는 금요일에는 시장에 생선 가게가 열려서 편리하다고 무심코 말하곤 했다. 그런데 이런 일은 어떻게 생겨났을까? 그리스도교 세계, 문화권에서는 금요일에 생선을 먹는 관습이 있기 때문이다. 금요일은 예수 그리스도가 십자가에 못 박힌 날이기 때문에 사람들은 이를 기억해 고기 대신 생선을 먹었다. 또한 물고기는 그리스도교 교회의 상징이기도 하므로 이를 기억한다는 의미도 있었다. 이러한 역사적인 배경은 오늘날에는 보이지 않고 금요일 아침 시장에 생선 가게가 열리는 관습으로만 남아 있다. 이러한 맥락에서 신학은 서유럽이라는 세계가 잉태한 다양한 문화나 사회 제도의 심층 구조를 이해할 수 있게 해준다.

하지만 이를 안다고 해서, 혹은 이해한다고 해서 어떤 유익이 있을까? 신학이 사회 제도나 문화를 잉태했다고 해도 오늘날에는 이미 세속화되어 버렸고 어떠한 면에서는 신학에서 떨어져 나갔기 때문에 더 많은 사람이 자유롭게 누릴 수 있는 문화와 제도가 된 것은 아닌가? 혹자는 이러한 맥락에서 오늘날 사회 제도 및 문화와 그리스도교의 연관성이나 신학적인 기원을 꼭 살필 필요는 없다고 말한다. 어떠한 면에서는 그럴지도 모른다. 그러나 이는 정신적인 세계, 그리고 역사를 경시하고 세계에 대한 표면적인 해석, 사회 구조나 문화의 현상적인 측면만을 강조하는 것이 아닐까?

최근 스페인에 있는 교회에서 어떤 사건이 일어났다. 교회에는 예수 그리스도의 얼굴을 묘사한 프레스코 벽화가 있었는데 세월이 지나 많이 훼손된 상태였다. 교회와 시 당국은 벽화를 복원할 수 있는 사람을 수소문했고 마을에 있는 80세 할머니가 자원봉사로 복원 작업에 나섰다. 그런데 그 결과 원본의 예수 그리스도의 모습과는 전혀 다른, 흡사 원숭이 같은 우스꽝스러운 모습이 되었다. 할머니는 본래 벽화의 모습과 의미를 숙고하지 않은 채 자기 멋대로 물감을 덧입힌 것이다. 그런데 이 소식이 전해지자 유럽 전역에서 이 벽화를 보기 위해 수많은 사람이 교회를 찾았다. 마을은 관광객으로 붐볐고 자연스럽게 음식점이나 상점의 매상도 수십 배로 늘었다. 교회는 입장료로 1유로를 받기 시작했으며 할머니도 저작료로 수익금 중 일부를 받았다. 어떤 사람들은 그저 웃어넘길 일화로 받아들일지도 모르지만, 이것이 현대 사회의 실상인지도 모른다. 오늘날 사회를 구성하는 다양한 구조는 이렇게 기이한 변형을 거치며 잘못된 방향으로 나아가고 있는 것은 아닐까? 부만 창출한다면 그것으로 좋다는 생각이 만연해 있다. 정말 그것으로 괜찮은 것일까? 이러한 일들이 일어날수록 오히려 신학은 자신의 발언권을 행사해야 하는 것은 아닐까?

언젠가 내 연구실에 가보니 책상 위에 케이크가 놓여 있었다. 나중에야 안 사실이지만 대학원생이 다른 조교의 생일을 축하하려고 사다 둔 것이었다. 하지만 그는 아무런 말도 하지 않았고 나는 평소에 하듯 차 마실 때 먹을 케이크를 사다 놓은 줄 알았고 다른 대학원생들, 조교, 옆 연구실에 있는 사람들과 함께 차를 마시며 케이크를 나누어 먹었다. 다 먹고 난 뒤에야 나는 케이크 상자 뒤에 붙어 있는 한 장의 메모지를 발견했다. 메모지에는 "○○씨, 생일 축하합니다!"라고 쓰여 있었다. 모두가 그 사실을 모른 채, 심지어는 축하받아야 할 조교 본인도 그 사실을 알지 못한 채 케이크를 먹은 셈이다.

이처럼 오늘날 우리가 접하는 다양한 사회 조직, 배심원 제도와 같은 법제도, 인권이나 연방제, 끊임없이 연구되는 서구식 자유민주주의 및 자본주의와 프로테스탄티즘의 관계 등은 서구에 기원을 두고 있으며 그리스도교 및 그리스도교 신학과 밀접한 연관을 맺고 있다. 하지만 우리는 이를 알아차리지 못한 채 살아간다. 이러한 요소들, 문제들을 단순하게 그리스도교적인 가치관과 묶거나 그리스도교적 기원을 살피는 것만으로는 별다른 효용이 없다고 할 수 있을지도 모른다. 그러나 오늘 우리를 둘러싼 다양한 가치관이나 제도를 돌이켜보고 새롭게 발전시켜 나가기 위해서는 그 설계도와 역사를 들여다보지 않으면 안 된다. 이러한 차원에서 신학은 현대의 여러 문제를 해결하는 데 기여할 수 있다. 물론 이는 교의학이나 성서학이 하고 있는 일과는 일정한 거리가 있다. 하지만 교의학이나 성서학도 '신학'으로서 오늘날 사회에 일정한 기여를 할 수 있다고 나는 생각한다.

세속화란 '성스러운 것'을 잃어버린, 탈종교화된 사회 제도를 구축하는 것, 사회의 모든 영역에서 신을 추방하는 것으로 이해된다. 하지만 그 사회 구성원들이 종교를 망각해 성스러운 것을 잃어버렸다 할지라도 그 사회에는 '세속화된' 형태로 이전의 흔적들이 남아 있기 마련이다. 그리고 여기서 과거와 현재의 연속성을 설명해야 할 과제가 주어진다. 그렇기에 유럽에 기원을 둔 모든 문화나 학문, 제도나 체계를 생각할 때 신학은 늘 대화의 상대자가 될 수밖에 없으며 그러한 면에서 매우 중요한 학문으로 기능할 수 있다. 신학은 역사나 사상에 관한 연구임과 동시에 현재와 미래의 사회, 그리고 인간을 위해 필요한 연구이다.

철저한 상대화

마지막으로 조금은 다른 차원에서 신학이라는 학문이 왜 현대 세계에 도움이 되는지를 말해 보려 한다. 지금까지는 신학의 사회적 기능을 중심으로 신학이 무엇인지, 어떠한 모습으로 존재해 왔는지를 설명했고 여기서 파생되는 신학의 소극적인 역할을 말했다. 그렇다면 오늘날 신학은 적극적인 차원에서는 어떠한 의미를 가질 수 있을까?

이야기를 시작하며 말했듯 오늘날 신학이라고 하면 대부분의 사람은 신의 절대성을 주장하는 학문, 아니면 학문으로 성립되지 않는, 상대화할 수 없고 증명도 실험도 할 수 없는 일종의 주장으로 여긴다. 증명도 못 하면서 자신만이 옳다고 주장하며 어떠한 양보도 하지 않는 이야기, 자신이 옳다고 하려고 전쟁을 벌이거나 상대를 비방하거나 깎아내리는 것을 신학이라고 생각하는 것이다. 그래서인지 이미 오늘날 많은 대학교가 신학과(혹은 신학부)를 두고 있지 않다. 하나의 '학문 분과'로 자리매김하기 어렵다고 판단한 것이다. 정말로 신학이 그런 것이라면 교회나 특정 교파의 공동체 내부에서 소수의 지지자만을 얻을 수 있는 협소한 설명체계에 지나지 않을 것이다.

하지만 나는 신학이 그런 것이라고 생각하지 않는다. 분명 신학이라는 학문은 그 출발부터 일종의 '가설'이었다. 하느님을 믿는 사람들, 구원의 확신을 가진 사람들이 절대자 앞에서 겸허하게 진실을 찾고 기도하고 사색하고 증언하면서 신학은 시작되었다. 신학자는 자신의 견해, 오늘날 표현으로 하자면 '하나의 학설'을 말하지만 그는 이것이 '가설'이고, '부분적'이며 자신이 체험한 구원을 증언하되 '상대적'일 수 있음을 누구보다 잘 알고 있다. 이러한 맥락에서 신학은 '신'이라는 대상에 관한 '증언들로 구성된 세계'다. 신학자는 자신이 체험한 구원을 흔들림 없이 확신한다 할지라도 이에 대한 증언으로 발표한 자신의 신학적 주장이 절대적이라고 주장할 수는 없다. 그리스도교의 근본 가르침에 따르면 신학자는 다른 모든 인간과 마찬가지로 하찮은 인간, 죄인이기 때문이다.

이제 성서에서 두 가지 말을 인용하려 한다. 둘 다 바울로가 한 말이다.

> 우리가 지금은 거울에 비추어보듯이 희미하게 보지만 그 때에 가서는 얼굴을 맞대고 볼 것입니다. 지금은 내가 불완전하게 알 뿐이지만 그 때에 가서는 하느님께서 나를 아시듯이 나도 완전하게 알게 될 것입니다. (고린토인들에게 보낸 첫째 편지 13:12)

이 말은 종말론적인 의식이 일관되게 흐르고 있는 겸손한 지성을 보여준다. 바울로는 자신을 '상대화'하여 자신이 지금은 "희미하게" 볼 수밖에 없음을, "불완전하게 알" 뿐임을 받아들인다. 인간의 미완성성을 이야기하는 것이다. 절대적인 하느님을 안다는 것은 이렇게 자신을 상대화하는 것을 뜻한다. 그리고 이것이야말로 그리스도교 신학의 전통에 서 있는 지성의 핵심이다. 신학은 스스로 절대적인 입장이 되어 펼치는 주장이 아니다. 오히려 신학은 인간이 "하느님께서 나를 아시듯이 나도 완전하게 알게 될" 그때까지 인간을 잠정적인 존재로 깨닫도록 도움을 주는 학문이다. 모든 학문적인 작업은 가설이며 언제나 상대화될 수밖에 없음을 신학은 분명하게 알고 있다. 역사도, 현실도 끝나지 않은 이때, 죄인인, 불완전한 인간은 진리의 일부만을 주장할 수 있을 뿐이다. 이를 겸손하게 받아들이는 것이 '신학적 지성'이며 달리 말하면 '종말론적 지성'이라고 부를 수도 있겠다.

또한 바울로는 말한다.

> 나는 이 희망을 이미 이루었다는 것도 아니고 또 이미 완전한 사람이 되었다는 것도 아닙니다. 다만 나는 그것을 붙들려고 달음질칠 뿐입니다. 그리스도 예수께서 나를 붙드신 목적이 바로 이것입니다. (필립비인들에게 보낸 편지 3:12)

여기서도 우리는 신학적인 지성을 엿볼 수 있다. 신학이 본래의 모습을 회복한다면 이는 위험하리만큼 '상대화'를 추구하는 학문이 될 것이다. 차라리 왜 확신을 갖지 않느냐고 반문하고 싶을 정도로 말이다. 이러한 상대화는 양파 껍질을 벗기듯 특정 대상을 향해 이루어지는 것이기 전에 근본적으로 '자기'를 상대화하는 것이다. 앞에서 말했듯 절대자와 직면했을 때 무엇보다 상대화되는 것은 자기 자신이기 때문이다. 이러한 깨달음과 태도는 인간을 자유롭게 하고 겸허하게 만들며 참된 의미에서 '대화'를 가능케 한다. '상대화'는 자신의 학설이나 가설을 넘어선 또 다른 의견을 받아들일 수 있게 하며 이를 기뻐할 수 있게 한다. 자신의 주장이 무너져 진리에 보다 가까워짐에, 진리가 좀 더 환하게 밝혀짐에 신학자는 기뻐할 수 있다. 신학자는 모든 것이 밝혀졌다든가, 자신이 그 모든 것을 알고 있다는 식으로 말할 수 없다. 신학은 근본적으로 대상을 겸손한 자세로 마주하는 법을 가르쳐주는 학문이다.

이러한 의미에서 신학은 현대 사회에서, 현대인에게 진정한 상대화를 가르치는 학문이다. 그리스도교는, 그리고 신학은 현대 사회의 관용 없는 그릇된 절대주의, 그 반대편에 있는 무절제한 상대주의, 그리고 그 양쪽에 잠복해 있는 자기절대화 모두를 거부하고 비판한다. 이러한 모습들은 신학과 그리스도교 역사의 잘못된 발전이 잉태한 것일지도 모른다. 그리스도교가 본래 갖고 있던 모습과 사회적인 기능을 회복하는 일에 신학이 기여함으로써 신학은 오늘날 세계에 말을 건네고 대화를 시작해야 한다. 나는 오늘날 세계에 깔려 있는 심층적인 문제를 풀 실마리를 신학을 통해 찾아낼 수 있다고 믿는다. 그리고 이때 비로소 신학은 파우스트의 물음에 새로운 방식으로 답할 수 있을 것이다. 그때는 "아아! 신학마저도"라는 탄식 대신 "과연, 신학은 … "이라는 말을 들으며 이 지적인 전통을 활용해 보려는 사람들이 나타나게 될 것이다. 그리고 그때 사람들은 '신학의 필요성'에 대해 다시 한번 진지하게 숙고하게 될 것이다.

집필 후기

2012년 3월 무렵으로 기억한다. 도쿄에서 나고야에 있는 긴조가쿠인대학교金城學院大學로 임지를 옮기기 직전, 신교 출판사 구라타 나츠키倉田夏樹선생이 이 책의 집필을 의뢰했다. 다른 책의 집필이 예정되어 있었고 번역도 진행해야 했지만, 예전부터 염두에 두고 있던 주제와 관계가 깊은 기획이었기에 흔쾌히 수락했다. 하지만 새로운 대학교에서 어떤 일을 맡을지, 어떤 생활을 할지 예상할수 없던 시기였기에 과연 얼마만큼 집필 시간을 확보할 수 있을지가 문제였고 내심 불안하기도 했다. 아니나 다를까 나고야와 도쿄를 왕복하는 생활은 생각보다 훨씬 바빴고 정신이 없었다. 집필에 집중할 수 있는 시간을 마련하기 어려운 날들이 이어졌다. 나고야와 도쿄는 신칸센으로 1시간 40분 정도 걸렸으므로 누군가는 신칸센을 서재 삼아 오가는 중에 생각하며 글을 쓰는 게 어떻겠냐고 조언했지만 그것은 말처럼 그리 쉽지 않았다.

그러던 중 나고야시와 아이치현에 거주하는 분들을 중심으로 하는, 목요일 격주로 이루어지던 '목요모임'이라는 독서회에 초대를 받았다. 졸저『바이마르의 성스러운 정치적 정신』ヴァイマールの聖なる政治的精神(2012)을 2회에 걸쳐 읽었는데 직접 저자를 초청해 이야기를 나누고 싶다는 것이었다. 기쁜 제안이었고 기꺼이 응했다. 모임에는 정년퇴직을 해 현역 시절에는 못했던 독서를 즐기고 계

신 분들도 있었고 대학교 교원, 대학원생, 중,고교 교사도 있었으며 회사나 관공서에 근무하시는 분들도 있었다. 주부, 심지어는 고교생도 있었다. 모임은 만들어진 지 15년이 넘었으며 모임마다 평균 20명 정도가 참석하고 많을 때는 30명 정도가 참석한다고 한다. 특별한 사업을 하는 것도 아니었고, 그저 읽고 싶은 책을 정해 성실하게 읽고 감상평을 나누는 모임이었지만 분위기는 뜨거웠다.

내 책에 대한 합평회를 마친 뒤 나는 '목요모임' 참석자들과 식사를 나누며 이야기를 나누었다. 그들은 다음번에도 모임에 참석해 줄 수 있냐고 물으며 최근 진행 중인 연구에 대해 무엇이든지 좋으니 이야기해줄 수 있으면 좋겠다고 이야기했다. 그 순간 불현듯 구라타 선생과 했던 약속이 떠올랐다. 나는 회원들에게 책의 집필 기획을 설명했고 허락된다면 한 번이 아니라 다섯 번 정도 독서모임에서 책의 준비를 위한 연속 강의를 할 수 있도록 기회를 주시면 좋겠다고 역제안했다. 모든 회원이 흔쾌히 승낙했고 뜻하지 않게 일반 독자들을 대상으로 신학 강의를 하게 되었다. 결과적으로는 예정을 넘겨 모두 여덟 번에 걸쳐 강의를 진행했다. 오후 6시 반, 일이나 학교 일정을 끝마친 회원들은 나고야 시내에 있는 고서점(안타깝게도 이제는 문을 닫았다) 2층의 좁은 방에 모여 옆 사람과 몸이 닿을 정도로 촘촘하게 앉아 내가 준비한 이야기를 들어주었다. 강의가 끝나면 질의응답 시간을 가졌고 그 후에는 자연스럽게 식사를 하며 이야기를 이어갔다.

원래는 강의를 마친 다음 원고를 다시 써서 책으로 출간할 생각이었으나 감사하게도 나고야 대학교의 이가라시 레이카五十嵐麗香

씨가 모든 강의를 녹음해 이를 필사해 주셨다. 필사한 원고의 상태가 매우 좋았기 때문에 거의 그대로 출판해도 좋겠다고 생각하여 최소한의 다듬을 부분만 손질한 뒤 구라타 선생에게 원고를 보냈다. 구라타 선생은 신쿄 출판사가 내고 있는 '신학으로의 출항'神學への船出 시리즈에서 나오는 다른 책들과의 문체를 통일하기 위해 강의록이었던 본래 원고의 구어체(~입니다)를 문어체(~이다)로 고치는 게 좋겠다고 제안했고 고치는 작업을 몸소 맡아주셨다. 구라타 선생이 손질한 수정본을 다시 한번 꼼꼼히 읽어가며 수정, 보완한 결과물이 바로 이 책이다. 그러므로 지금까지 낸 책들과는 달리 이 책은 인쇄가 될 때까지 많은 분이 실질적인 도움을 주셨기에 나올 수 있었다. 한 마디 덧붙이면 이 책의 각주도 구라타 선생이 써주신 것이다.

처음에는 책의 제목으로 『신학재고』神學再考(신학을 다시 생각하다)가 좋겠다고 생각했지만, 편집회의에서는 내가 제안한 제목을 누구도 택하지 않았다. 구라타 선생은 『신학의 기원』神學의 起源이라는 제목을 제안하셨고 그것으로 제목이 정해졌다. 이러한 과정을 통해 나온 책이기 때문에 나는 많은 이에게 깊은 감사를 표하지 않을 수 없다. 목요모임의 회원들, 신쿄 출판사의 고바야시 노조무小林望 사장, 그리고 편집자로서 기획과 교정, 출판 등 모든 일을 도와준 구라타 나츠키 선생에게 감사의 마음을 전한다.

2013년 4월 17일, 나고야시 모리야마구의 연구실에서

후카이 토모아키深井智朗

2쇄 발행 후기

증쇄를 하게 되어 책을 주의 깊게 읽은 성실한 독자들이 지적한
사항(오탈자)을 정정했다. 이번 작업에도 구라타 선생에게 큰 신세
를 졌다.

2014년 2월 28일, 후카이 토모아키

3쇄 발행 후기

3쇄에서 내용상의 변경은 없었지만, 여전히 남아 있던 몇몇 잘
못된 부분을 정정했으며 각주를 하나 더 추가했다. 신쿄 출판사의
고바야시 노조무 사장에게 증쇄에 대한 소식을 전해 들은 다음날,
같은 출판사에서 발행했던 『사상으로서의 편집자』에 이어 이 책
또한 한국어로 번역 출판될 예정이라는 소식을 들었다.

2015년 1월 20일, 독일 아우구스부르크에서,
후카이 토모아키

옮긴이의 말

'신학'을 바라보는 또 다른 시선

오늘날 종교에 대한 시선은, 특히 그리스도교를 향한 시선은 그리 곱지 않다. 해방을 외치나 실제로는 다양한 방식으로 인간을 옥죄는 종교, 믿음을 강조한 나머지 이성을 마비시키는 종교, 사랑을 말하나 다양한 방식으로 사람들에게 실질적인 폭력을 가하는 종교... 가난을 말하나 부를 축적하는 현실 교회, 낮은 자의 종교라는 구호를 걸되 가진 자들이 모여 사회 '주류'를 이루는 현실 교회의 모습은 앞서 말한 판단에 신빙성을 더한다. 무수한 사람이 그리스도교, 그리고 교회의 기능과 존재 의미에 대해 의구심을 던지며 좀 더 비판적인 사람들은 인류와 사회가 어느 단계에 이르면 그리스도교와 교회는 사라져야 한다고 말하기까지 한다.

그리스도교의 가르침을 체계화한 것으로 볼 수 있는 그리스도교 신학에 대한 시선은 더더욱 좋지 않다. 교회 밖의 사람들은 그리스도교 신학에 무관심하며 교회에 다니는 이들조차 신학의 존재 이유와 기능에 대해 질문을 던진다. 오랜 신앙생활을 한 이들조차 막상 '신학'에 대해 이야기하면 위화감부터 느끼며 급기야는 '신학 무용론'을 말하기도 한다. 중요한 것은 '예수의 가르침을 따르는 것'이지 공부를 하는 것이 아니라면서 말이다.

그리스도교와 교회를 향한 비판적인 시선, 신학에 대한 회의적인 시선이 나름의 정당함을 지니고 있다 하더라도 여기에는 무언가 커다란 게 결여되었다. 과연 우리는 그리스도교에 대해 정말 잘 알고 있는가? 우리는 신학이 무엇인지 알고 있는가? 인류사에 그리스도교는 실질적으로 어떠한 흔적을 남겨왔는가? 그리고 이와 맞물려 신학은 어떠한 기능을 해왔는가? 우리가 나름대로 이해하고 있는 그리스도교, 우리가 마주하고 있는 그리스도교는 '어떤 그리스도교'이고 '어떤 신학'인가? 파편적인 인상과 현상을 놓고 그것에 (비판을 포함해) 이런저런 판단을 내리기란 그리 어렵지 않다. 하지만 그것이 '빙산의 일각'에 지나지 않는다면? 『신학을 다시 묻다』는 바로 이러한 문제의식을 바탕으로 쓰인 책이다.

'신학은 왜 탄생했는가?', '신학이 왜 필요한가?'라는 질문들

저자는 자신이 터한 동아시아 문명권(일본, 한국, 중국)이 '비그리스도교 사회', '그리스도교가 다수가 아닌 사회'라는 점을 염두에 두고 '비그리스도교 사회'에 있는 그리스도교인은 물론 비그리스도교인에게도 신학이 일정한 의미를 갖고 있음을 이야기하기 위해 이 책을 썼다고 밝힌다. 그렇기에 이 책은 한편으로는 '신학'이 무엇인지를 이야기하는 신학입문서이면서, 신학의 역사적 흐름을 살피는 신학사, 신학과 사회, 신학과 인류사의 상호영향을 살핀 역사 저작이기도 하고 현대사회에서 신학, 더 나아가 그리스도교의 의미를 밝히는 일종의 변증서로도 읽을 수 있다. 한편으로는 '신학'의 의미, 신학의 성격을 숙고할 수 있게 해주는 독특한 조직신학 저작으로도 읽을 수 있다. 그는 시종일관 신학이 고정된 불변의 것이 아님을 강조한다.

> 신학은 필연적으로 그 신학이 논의되고 적용되는 사회나 시대의 영향을 받는다. 그 시대의 정신적 풍토에 영향을 받음은 더 말할 필요가 없다. (34)

> 그리스도교가 당대의 사회적, 정치적, 그리고 문화적인 틀 속에서 자신을 새롭게 형성해 나가야 했고 그로 인해 자신의 존재에 대해 설명해야 할 책임을 지게 되었다는 점이다. 신학은 이러한 요청의 산물이며 결과적으로 당대 시대정신을 형성하는 데 기여하기도 했다. (57)

'신학의 기원'에 대한 사회사적 고찰

책은 모두 8장으로 구성되어 있다. 제1장 '아아, 신학마저도! - '신학이란 무엇인가?'라는 물음'에서는 기본적인 저자의 문제의식과 책의 방법론을 소개한다. 아래와 같은 문장은 저자의 문제의식과 이 책을 통해 그가 말하려 하는 바를 압축적으로 보여준다.

(신학이 사회에서 어떻게 기능해 왔는지를 관심하면서) '신학'이라는 학문을 살펴보면 왜 특정 신학 사상이 특정 시대에 탄생했는지를 이해할 수 있고, 시대가 신학에 무엇을 요청했으며 신학은 그 요청에 어떠한 방식으로 답해왔는지도 이해할 수 있게 된다. 그리고 결과적으로 이러한 고찰을 통해 우리는 현대 사회에서 신학의 '현실성'actuality을 분명하게 알 수 있게 될 것이다. 현실성이라는 말은 최근 여러 분야에서 쓰이고 있는데, 철학자들이나 사회학자들이 이 말에 관해 다양한 정의를 내리고 있기 때문에 개념 정립에 혼란을 느낄 수도 있다. 하지만 여기서는 이 개념을 사용해, 신학이 눈에 보이지 않는 고도로 추상적인 세계를 취급하는 학문처럼 보이지만 실제로는 지극히 현실적인 정치나 사회에 영향력을 미치면서 인간의 행동을 구체적으로 규정해 온 학문이며, 오늘날에도 그러한 역할을 수행하고 있음을 밝히려 한다. 신학이라는 학문은 현실 문제에 대처하는 매우 탁월한, 그리고 손쉽게 사용할 수 있는 좋은 학문적 도구다. (38)

제2장부터 그는 그리스도교가 역사적으로 어떻게 형성되어 가는지를 살피며 이와 맞물려 신학이 어떻게 형성되고 그 성격을 바꾸어 갔는지를 기술한다. 시작은 예수의 활동과 죽음이다. 예수는 이 세상에 곧 종말이 오리라는 종말론적인 의식 아래 자신의 가르침을 전했다. 하지만 그의 죽음(부활까지를 이울러) 이후에도 그가 이야기한 종말은 오지 않았다. 바로 여기서 '신학'의 필요성이 제기된다. 예수가 이야기한 종말이 이른 시간 내에 오지 않는다면 그

종말을 어떻게 이해해야 할 것인가? 그리고 그가 가르친 가르침과 사회를 어떻게 연결해야 하는가? 그리고 이 가르침을 다른 문화권의 사람들에게는 어떻게 이해시켜야 하는가? 이러한 물음 아래 예수의 초기 제자들과 공동체의 일원들은 나름의 방식으로 해석을 시도했고 여기서 하르낙이 '그리스도교의 헬라화'라고 부르는 거대한 전환이 일어난다. 신학은 이 과정의 산물임과 동시에 이 과정을 주도해 나간 도구였다.

제3장 '그리스도교적 유럽의 성립과 신학'에서는, 서유럽 세계를 새로이 마주한 그리스도교가 자신의 세력을 어떻게 확장해 나갔으며 이와 맞물려 신학의 성격이 어떻게 바뀌었는지를 살핀다. 이 시기 그리스도교 교회는 '시간'과 '죽음'의 통제를 통해, 실질적으로 유럽인의 삶 전체를 관리하게 되었으며 그 결과 신학 또한 '변증'이나 '번역 이론'을 넘어 하나의 전체 이론, 즉 형이상학과 형이하학을 아우르는 총체적인 학문으로 거듭나게 되었다. 세계 전체를 온전히 그리스도교적으로 설명해내야만 하는 요구 앞에서 스스로를 확장, 체계화한 것이다. 여기서 저자는 세간의 통념처럼 중세 신학이 '상아탑의 신학'이 아니라 당대 상황의 요구에 부합하기 위해 애쓴, 지극히 현실적인 학문이었음을 보여준다.

제4장 '종교개혁과 중세의 몰락' 이후 제7장까지 저자는 이른바 그리스도교 왕국, 그리스도교 유럽의 붕괴 이후 그리스도교가 어떻게 전개되었는지를 살피며 이와 맞물려 보편학문으로서의 신학이 어떻게 성격이 바뀌었는지를 살핀다. 저자에 따르면 '그리스도교 유럽'이 붕괴함에 따라 신학은 '보편성' 보다는 각 민족 국가, 혹

은 교파의 정당성과 정체성을 옹호하는 학문이 되었으며 자본주의의 등장과 맞물려 하나의 '상품'이 되었다. 제도교회의 몰락에 따라 교회(전통적인 그리스도교)와 그리스도교 신앙(혹은 예수의 가르침)을 구분하고 후자의 측면에서 전자를 비판하는 '교회 밖의 그리스도교' 신학도 생겨났다.

오늘날 우리가 마주한 신학'들', 그리고 그리스도교'들'은 바로 이 '근대'라는 전환이 일어난 뒤 성격이 급격히 변화한 신학과 그리스도교이며, 이는 2천 년이라는 기나긴 세월 동안 이루어진 과정의 산물임을 그는 일깨운다. 이러한 탐구를 바탕으로 마지막 제 8장 '신학의 현실성'에서 저자는 신학이 그리스도교 문화를 간직한 서구 사회든, 그리스도교 문화를 간직하고 있지 않은 비서구 사회든 신학이 여전히 이 사회에서 일정한 기능을 수행할 수 있는 현실성 있는 학문이라고 이야기한다. 오늘날 서구-비서구는 그 경계를 섣불리 나눌 수 없을 정도로 뒤섞이고 있으며 그러한 상호작용 아래, 심연에서 그리스도교적인 가치와 사상은 우리도 의식하지 못한 사이에 우리에게 영향을 미치고 있기 때문이다.

'신학'과 '그리스도교'를 낯설고도 새롭게 보기

저자 후카이 토모아키深井智朗는 지금까지 40여 권에 달하는 저서 및 역서를 발표한, 현재 일본에서 가장 왕성한 연구 활동을 펼치고 있는 신학자이다. 그의 주요 학문 활동은 하르낙, 트뢸치, 판넨베르크, 틸리히, 칼 바르트와 같은 19~20세기 독일 개신교 신학자들의 저작들을 번역하고 연구하는 것인데 통상적인 연구자들

이 그러하듯 이들을 단순히 소개하고 정리하는 선에서 그치지 않고 비판적으로 성찰하는 것까지를 아우른다. 그렇기에 그는 조직신학자이면서도 구체적인 역사를 도외시하지 않고 그 역사적 구체성 가운데서 끊임없이 사상과 상황의 연관성을 살핀다. 그는 프로테스탄트로서의 정체성(그는 '일본기독교단'日本キリスト教團에 소속된 목사이기도 하다)을 포기하지 않으나 프로테스탄트가 여러 그리스도교 전통 중 일부 흐름이고, 자신이 연구하는 근현대 독일 신학이 명암의 역사와 성격을 지니고 있음을 잊지 않는다(근현대 독일, 그리고 이에 직접적인 영향을 받은 근현대 일본은 제1차 세계대전, 제2차 세계대전이라는 인류사의 비극과 밀접한 연관을 맺고 있으며 당시 무수한 그리스도교 신학자들이 일종의 '정치신학', '국가신학'을 활용해 이 비극에 적극적으로 동참했다). 무엇보다도 그는 자신이 '비그리스도교 문화권'에 속한, 인구의 다수가 '비그리스도교인'인 현실 속에서 작업하는 그리스도교 신학자임을 잊지 않는다. 『신학을 다시 묻다』가 가진 독특한 성격은 바로 후카이 토모아키 자신의 독특한 위치에서 나온다.

저자가 시도하는 방법과 서술한 내용은 여러모로 비그리스도교인들에게는 물론이고, 그리스도교인들에게도 신선하게 다가갈 것으로 보인다. 이를테면 앞서 언급했듯 중세 신학의 현실성에 관한 이야기는 물론이고 마르틴 루터의 종교개혁이 '근대'의 출발점이라는 시각이 "독일 내셔널리즘의 산물"(96)이라는 이야기, (국교회를 대표로 하는) 제도교회와 (종교개혁 이후에 새로이 등장한) "자발적 결사체"로서의 교회의 차이점, 프랑스 혁명 이후 새롭게 태어난 '교회를 혐오하는 그리스도교 신학'의 등장은 (그리스도교 신앙 여부를 떠

나) 일반 독자는 물론이고 전문 독자에게도 기존의 교회사, 신학사를 다시 볼 수 있게 해준다는 점에서 유익하다. 개신교 독자들이라면 오늘날 한국 교회가 겪는 여러 문제점(이를테면 교회의 대형화, 분열, 자본주의와의 긴밀한 연관성, 폐쇄적인 신학)이 그리스도교 전체의 문제가 아니라 근대 이후 '개신교' 특유의 문제라는 점을 알게 될지도 모른다.

종교에 대한 회의와 비판이 점증하는 이 시대, 특히 그리스도교를 향한 비판이 점증하는 이 시대에 이 책은 그리스도교의 의미, 그리스도교 신학의 의미를 알 수 있게 해주는 새로운 접근을 제시한다는 점에서 무엇보다 의미가 있다. 이러한 관점은 무의식적으로, 무비판적으로 서구 세계의 신학, 특히 근대 이후에 '자기 교파의 정체성만을 강조하는 신학', '상품으로서의 신학'을 받아들인 한국 신학계에는 특히나 필요하다. 한국 그리스도교 신학계는 보수 신학은 그 나름대로, 진보 신학은 그 나름대로 자신의 울타리에 갇혀 있다. 갈등의 대리적 도구였을 뿐 대화와 소통, 성찰의 도구로 기능하지 못한 것이다. 후카이 토모아키가 이 책에서 '프랑스 혁명' 이후 등장한, 둘로 갈라진 신학을 묘사하는 모습은 마치 오늘날 둘로 갈라진 한국 그리스도교 신학계를 묘사하는 것만 같다. 그리고 그의 지적대로 "양자에 속한 이들이 서로를 이해하기 위해 노력하지 않는다면, 그리고 역사에 대한 별다른 반성과 성찰 없이 대립만 이어간다면" 어떠한 신학을 하든지 간에 그 결과는 비참할 수밖에 없다. 종교, 그리스도교에 대한 비판적이고 회의적인 시선과 신학에 대한 회의적인 시선은 모두 그 비참함의 여러 양상일지도 모른다.

역설적이지만 종교와 그리스도교를 향한 끊임없는 비판, 그리고 갈수록 횡행하는 신학 무용론은 삶의 의미와 목적을 잃은 채 자신들에게 올바른 방향을 가리켜 줄 '조타수'를 기다리는 '레 미제라블'의 절규인지도 모른다. 어딘가에서, 이 절규에 응답하고자 하는 이들에게 이 책이 좋은 참고서가 되길 바라는 마음이다.

2018년 2월

홍이표

신학을 다시 묻다
 - 사회사를 통해 본 신학의 기능과 의미

초판 1쇄 | 2018년 2월 26일
2쇄 | 2018년 7월 20일

지은이 | 후카이 토모아키
옮긴이 | 홍이표

발행처 | ㈜타임교육
발행인 | 이길호
편집인 | 김경문
편 집 | 민경찬 · 양지우
검 토 | 방현철 · 박용희
제 작 | 김진식 · 김진현 · 권경민
재 무 | 강상원 · 이남구 · 진제성
마케팅 | 이태훈 · 방현철
디자인 | 손승우

출판등록 | 2009년 3월 4일 제322-2009-000050호
주 소 | 서울시 성동구 성수동2가 281-4 푸조비즈타워 1층
주문전화 | 010-9217-4313
팩 스 | 02-395-0251
이메일 | innuender@gmail.com

ISBN | 978-89-286-3990-8 04230
ISBN(세트) | 978-89-286-3798-0 04230
한국어판 저작권 ⓒ 2017 ㈜타임교육

* 이 책이 출판될 수 있도록 후원해주신
  비아 · 성공회 독서운동 후원자분들께 감사를 드립니다.
* 값은 뒤표지에 있습니다. 잘못된 책은 구입하신 곳에서 바꾸어 드립니다.
* 비아는 (주)타임교육의 단행본 출판 브랜드입니다.